我只会算术：小平邦彦自传

[日]小平邦彦——著
Kunihiko Kodaira
尤斌斌——译

人民邮电出版社
北京

图书在版编目(CIP)数据

我只会算术：小平邦彦自传 / (日)小平邦彦著；尤斌斌译. -- 北京：人民邮电出版社，2022.3

(图灵新知)

ISBN 978-7-115-58483-0

Ⅰ. ①我… Ⅱ. ①小… ②尤… Ⅲ. ①小平邦彦一自传 Ⅳ. ①K833.136.11

中国版本图书馆CIP数据核字(2021)第281010号

内 容 提 要

本书为日本数学家、菲尔兹奖与沃尔夫奖得主小平邦彦先生的自传。作者以自身的成长历程为线索，用反思的视角梳理了自己如何学习数学、走上数学研究道路的经历，再现了成长过程中的细腻思索与感受，以及在数学研究中对数学、数学教育的深入思考。本书语言凝练、行文流畅，是了解小平邦彦先生数学思想体系的珍贵资料，对理解数学、数学教育具有深刻启示。本书适合数学专业的大学师生、数学研究者、数学爱好者阅读，也可作为一般读者了解数学的普及读物。

◆ 著　[日]小平邦彦
译　尤斌斌
责任编辑　武晓宇
责任印制　彭志环

◆ 人民邮电出版社出版发行　北京市丰台区成寿寺路11号
邮编　100164　电子邮件　315@ptpress.com.cn
网址　https://www.ptpress.com.cn
固安县铭成印刷有限公司印刷

◆ 开本：880×1230　1/32
印张：6　2022年3月第1版
字数：97千字　2025年10月河北第8次印刷

著作权合同登记号　图字：01-2021-0896号

定价：59.80元

读者服务热线：(010)84084456-6009　印装质量热线：(010)81055316

反盗版热线：(010)81055315

版 权 声 明

BOKU WA SANSU SHIKA DEKINAKATTA
by Kunihiko Kodaira
with commentary by Kenji Ueno

Originally published in 2002 by Iwanami Shoten, Publishers, Tokyo.
This simplified Chinese edition published 2022
by Posts and Telecom Press Co., Ltd, Beijing
by arrangement with Iwanami Shoten, Publishers, Tokyo.

序言

1968年2月，我于《日本经济新闻》连载了《我的简历》，本书便是以《我的简历》为基础写成的。《我的简历》是面向一般读者的专栏，所以我在写作中以最小限度提及了自己的老本行——数学，毕竟专业的数学知识会使人看得一头雾水。

为什么我一门心思研究数学，并成了一名数学家呢？回过头来看，归根结底还是因为我只会数学。

我母亲说，我自小就对数感兴趣，总是数豆子玩儿。上小学以后，虽然算术很好，但其他科目完全不行，所以当时的我是个“悲惨的小学生”，非常讨厌上学。上中学以后还是一样，数学以外的所有科目都不好，英语、日语和汉文很差，特别是历史和地理这种需要死记硬背的科目，就更糟糕了，当时的我仍然是个“悲惨的中学生”。因为喜欢数学，所以我从中学三年级开始阅读专业的数学书，不过学习数学单纯出于兴趣，并非为了成为一名数学家。那时我也不知道世界上还有一种职业叫数学家，他们的工作是撰写数学论文。中学时期的我立志成为一名工程师。中学五年级的时候，我报考了第一高等学校。

在当时，旧制高等学校的入学考试是一大难关，相当于现在的高考，一高[①]入学考试的竞争率高达 8∶1 到 9∶1。当然，那时也有以应试为目的的培训班，不过与现在不同，入学考试不受偏差值限制，所以只要想考，任何人都可以申请参加一高的入学考试。如果当时的招考模式像现在一样，恐怕只会数学的我在偏差值这一关就完全丧失资格了吧！

进入一高以后，我发现老师们的生活看起来悠闲自在，那时的我又想成为一名高中教师。考入东京大学[②]数学系后，我依然纯粹地觉得数学有趣而继续学习，仅此而已。从数学系毕业后，我想着再学点儿物理知识，就又进入了物理系学习。

从物理系毕业后第二年的秋天，我担任东京文理科大学的助理教授，几年后又担任东京大学物理系的助理教授，并继续兼任东京文理科大学的助理教授。不过，那时我还没有确定自己的研究方向，凭着兴趣阅读数学和理论物理相关的书籍和论文，想到什么有趣的事情就写论文，仅此而已。在担任助理教授后，经济

① 第一高等学校的略称。——译者注
② 旧称为“东京帝国大学”，后文中简称“东大”。——译者注

上也比较充裕，所以我平时也就学习数学和理论物理的知识，写写论文，或者听唱片、弹钢琴，并打算就这样在日本愉快地度过此生。

然而，我心中的这个美好幻想被战争撕得粉碎。家、唱片和钢琴在战火中化为灰烬，战后我只能居住在废墟中临时重建的木板房里，食不果腹。别说愉快地生活，那段时期我简直陷入了悲惨生活的深渊。

战争爆发后，国外的文献当然也没法传入日本，所以无从得知当时国外正在进行什么样的研究。即便写了论文，也许观点早已在国外得到证实而变得毫无价值。再者，随着空袭越发厉害，日本国内的专业学术期刊也难以发行，所以就算写出了论文也找不到发表的门路。尽管如此，我还是一直坚持写论文。现在回想起来，也想不明白在那种极端状况下，自己到底处于一种什么样的心理状态。当时的人们丝毫看不到战争要结束的征兆，更不清楚自己能否活到战后，也无从得知战后正常的日子是否真的会来临。在如此迷茫的状态下，当时的我写论文的目的又是什么呢？简直不可思议。

我从战时到战后写了一篇长论文，题为《黎曼流形上的调和张量场》，不过当时在日本丝毫没有可以发表论文的迹象，所以不了了之了。到了 1948 年，在角谷静夫的帮助下，论文投稿至美国的学术期刊。这篇论文引起了赫尔曼·外尔（Hermann Weyl）教授的注意，他于 1949 年邀请我去普林斯顿高等研究院任职。

在 20 世纪 50 年代，复流形理论和代数几何学飞速发展，其中一个研究中心便是普林斯顿。到了普林斯顿后我发现，我那篇出于兴趣撰写却一直发表无门的调和张量场论文，碰巧有助于推动复流形理论和代数几何学的发展。同时我也认识到自己是一名数学家，并且已经参与到复流形理论和代数几何学研究的第一线。那年，我 34 岁。

因为有幸邂逅了非常出色的合作伙伴斯宾塞（D. C. Spencer），我的研究工作也顺利步入正轨。1954 年 9 月，在荷兰阿姆斯特丹举行的国际数学家大会上，我获得了菲尔兹奖。之后，我继续在美国生活，直到 1967 年 8 月，时隔 18 年，我又回到了日本。我曾经打算在日本愉快地度过此生，不曾想后面发生了这么多做梦也想不到的事。

我偶尔会怀疑在美国的那段时光是不是梦境，但每当听到女儿们操着熟练的英语和生疏的日语时，又清醒地知道这绝非梦境，而是事实。而且在美国的时候，每当和我太太一起去超市购物，只要一会儿不见她的身影，我也时常会惊讶于自己为何独自在此，难不成又陷入梦境了吗?

如果我没写那篇发表无门的调和张量场论文，或者即使我写了这篇论文，如果没有角谷帮助投稿到美国，普林斯顿的邀请也就与我无缘。或者即便去了普林斯顿，如果我没遇到斯宾塞，我也不会顺利地从事这方面的研究。斯宾塞在 1942 年以后就一直在斯坦福大学担任教授，恰巧我去普林斯顿的那年，也就是 1949 年，他也调到了普林斯顿大学。如此看来，我与斯宾塞的邂逅也是一种巧合。

数学研究不过是用大脑去思考，所以总会让我感觉是自己主观把控着整个研究过程，不过回过头来才发现，归根结底还是被命运所左右。

我在命运的安排下踏上了探索数学世界的旅程，信手将旅途中发生的故事记录在本书中。

小平邦彦

写于中落合

目　录

第1章

童年与中学时期

对“数”的兴趣

我父亲于 1885 年生于长野县米泽村，母亲于 1894 年生于长野县诹访町。因为父母都是长野县人，所以我总觉得自己也是长野县人，就连前年出版的《日本数学百年史》也介绍我出生于长野县。不过，其实我是东京人，于 1915 年 3 月出生于东京。

在我小时候，父母经常搬家，在东京市内的很多地方都租过房子。在我最早的记忆里，那时我们住在品川的御殿山，祖父曾经抱我去看过火车。

后来，我们搬到了小石川的巢鸭车站附近，虽然有些记不太清了，那时我大概四五岁。直到关东大地震的第二年，也就是我上小学四年级前，我们一直住在这里。房子里有个大院子，院子中间堆着几块大石头，灌木丛生。一到夏天，周围总会有几十只壁虎爬来爬去。那些壁虎很漂亮，背部还泛着偏绿色的银光。一旦踩住壁虎的尾巴，它会马上断尾逃走，被抛弃的尾巴一直在抽动。院子的一角还种着一棵高大的柿子树，到秋天会结出累累硕果，柿子非常甜。

作者和母亲 Ichi 在一起

当时很少有小孩子去上幼儿园，我也没上过幼儿园，六岁时直接在私立帝国小学入学。学校很小，一个年级只有两个班级，而且是当时比较少见的男女同校，每个班级一半男生，一半女生。那所小学的校长在美国获得了教育学学位，所以倡导美式教育，男生也要上缝纫课，必须自行缝制抹布等，相当于现在小学开设的家务课。而且，学校每年都要举行一次人偶葬礼，把学生们带来的断了头的人偶收集起来，专门为这些可怜的人偶举行葬礼。

在我四岁时，弟弟出生了。说来奇怪，那天上午发生的事我至今记忆犹新。前一晚我还和父母睡在同一个房间，第二天醒来却独自在另外一个房间。起床后，我走进父母的房间，正要坐在一个裹着白布的东西上时，被他们大骂了一顿。原来那个裹着白布的东西，正是半夜刚出生的弟弟。

我自己已经记不太清了，但母亲说我自小对数特别感兴趣，总是数豆子玩儿。

20 世纪 50 年代的作者

在小学的算术课上，每节课都得重复背诵九九乘法表，像念经一样，而且还要做大量的练习。按照当时的尺贯法[①]，1 里等于 36 町，1 町等于 60 间，1 间等于 6 尺。这种计算长度的方法要比以现行长度单位“米”来计算复杂得多。老师还让我们花许多时间反复练习计算小数和分数。最难的要属鹤龟算[②]，不过那时不怎么教图形方面的内容。

① 日本度量衡。——译者注
② 类似鸡兔同笼问题。——译者注

小学时期的我算术很好，但其他科目完全不行，再加上我说话声音很小，又有点儿口吃，没办法很好地回答老师的提问。那时的我是个“悲惨的小学生”，非常讨厌上学。特别是体育课，更是糟糕得一塌糊涂。我个子小、腿也短，赛跑时甚至会落后其他同学一圈而变成“打头阵”，这让我欲哭无泪。我也讨厌写作，因为总找不到好方法，也想不到可写的素材。

关东大地震后的第二年，也是我上小学四年级时，我们一家又搬到了现在居住的中落合。这次不再是租房子，而是父亲购买了“文化村”地块的其中一块分售地块，新盖了一栋两层住宅。

当时的落合位于东京郊外，有大量的空地，哲学堂到中井车站附近的西武新宿线轨道两侧都是宽阔的田野。

我上小学五年级时，弟弟去了家附近的落合第一小学上学。就在那时，亲戚送了一条小狗让我们养。这小狗是条“串串狗”，毛呈棕色，有点儿像赛特猎犬，是个捕鼠小能手，我们给它取名“Zero”。当时是放养式养狗，随它到附近的空地转悠，但每当弟弟大声喊它的名字，它都会第一时间摇着尾巴飞奔回家。有一天，弟弟去上学时，Zero 也跟着去了。还以为它去学校干了什么，结果在上课期间它也跟进了教室，蹲在弟弟旁边。

上小学六年级时的合影，后起第二排的左边第三个是作者

Zero 是条母狗，每年的春天和秋天都会生五六条小狗。如果把六条小狗全部藏起来，它会发出哭泣声四处寻找，但神奇的是，如果把另外五条藏起来，留下一条在它身边的话，它却完全不会发现不对劲儿。我当时想，狗可能没有数量的概念。

我的父亲·权一

我父亲是农商务省的官员，工作很忙，基本将近半夜 12 点才回家，有时好几个星期都碰不到面。在我小的时候，某个星期天父亲带我去动物园，我还以为父亲是哪里来的怪叔叔，也算是一段很奇妙的回忆。

为解决昭和恐慌[①]中的农村危机，农林省设立了经济更生部，我父亲是第一任经济更生部部长（当时农商务省已分为农林省和商工省）。前几天，在“小平权一先生追思会”上，第二任部长石黑武重先生告诉我，当时他们从早晨到傍晚 5 点要做接待工作，5 点才开始处理自己岗位的工作，结束都要将近夜里 11 点了。

父亲毕业于諏访中学和第一高等学校，接着考入东京帝国大学农科大学（今东京大学农学部），毕业后又就读于东京帝国大学法科大学（今东京大学法学部）。大正三年（1914 年）从法科大学毕业，当时他 30 岁。

① 昭和五年至六年（1930 年 - 1931 年），日本黄金出口禁令解除，加之通货紧缩政策以及受世界恐慌的影响，需求骤减，物价暴跌。——译者注

父亲　小平权一

根据当时的学制，小学分为 4 年寻常科和 4 年高等科。父亲上完 4 年高等小学后，14 岁进入诹访中学。在他居住的米泽村，高等小学只有两年，所以第三年和第四年只能去上诹访町的高岛小学。从米泽村到上诹访町得越过山岭，单程要走 8 千米，父亲每天往返走 16 千米去上学。他说放学回家时在山顶遇到过雷阵雨，雷电直接落在自己不远处，可把他吓坏了。

父亲从法科大学毕业后就进入农商务省任职。农商务省分为农林省和商工省后，他历任农林省的农政科长、蚕丝局长、农政局长后，于 1932 年担任经济更生部部长，后在 1938 年就任农林次官。1939 年，父亲辞去次官职务去了国外，不过 1942 年就辞任回日本了。之后在长野县三区参加议员竞选，又当选众议院议员。

前几天，父亲的传记出版了，共两本，分别是《农山渔村经济更生运动与小平权一》（楠木雅弘编·著，不二出版，1983 年）和《小平权一与近代农政》（日本评论社，1985 年）。在阅读这两本传记前，我完全不了解父亲的人生经历和个人成就。在写前文中父亲的生平时，我也参考了这两本传记。

《农山渔村经济更生运动与小平权一》中有父亲的著作目

录，共有 40 本专著、350 篇论文等。这令我十分佩服，深感难以望其项背。虽然我知道父亲在撰写了一本上千页的巨作《农业金融论》后取得了农业学博士学位，但不曾想父亲还拥有如此丰硕的学术成果。其中，甚至有 26 本专著及 280 篇论文写于工作期间，他在忙碌的工作中还利用闲暇写作，光 26 本专著的总页数就多达 4800 页。父亲拥有不怕累的好体魄，即便如此，他每天忙到将近半夜 12 点才回家，到底是如何写出如此大量的著作的呢？简直不可思议。

父亲的好体力，可能是小时候那两年每天来回徒步 16 千米去高岛小学上学练就的。我上大学时，有次在父亲面前说了句“好累啊”，结果被父亲批评了一顿。用父亲的话说：“如果扛着米袋走一里路也许会累，否则不该觉得累吧！”

外祖父·金井汲治

每年七月底，母亲会带我和弟弟回上诹访町的娘家过暑假，顺便避暑。母亲的父母和姐姐，即我的外祖父母和姨妈在那儿一起生活。在当时，从新宿坐火车到上诹访町要 8 个小时。

外祖父出生于 1857 年，他是长野师范学校的第一届毕业生，年纪轻轻就当上了上诹访小学的校长，培养了许多人才。之后他还长期担任上诹访町长和长野县议员，是当地政界的风云人物。在县议会上，外祖父的发言思路清晰，观点尖锐，经常把县当局领导吓得直哆嗦。而且，外祖父当时在诹访郡内名望很高，甚至还被传唱成民谣“虽然比不上金井大人，但至少也得当个村长”（以上内容参照了《小平权一与近代农政》)。

根据手头的一些记录，外祖父在 1876 年，也就是他 19 岁时成为一名小学教师，27 岁时辞去小学校长的职务出任长野县议员。所以，外祖父担任小学校长时，他大概只是二十三四岁。

外祖父　金井汲治

金井家曾经是诹访藩的名门望族，所以外祖父住的房子是以前那种武士宅邸。家里的前院有个大池塘，后院对面有个土墙仓库。进门后是宽敞的土间，土间右侧是客厅，对面用现在的话说是起居室，正中间设有地炉。从房顶垂下一根自在钩，钩子上挂着一个煮锅，底下烧柴烹煮。这个房间没有天花板，粗重的房梁和顶棚被柴火的烟熏得黑黢黢的。主屋另外还有几个房间，前院又新盖了一间独栋的附属房。甚至还有独栋的浴室，里面有温泉涌出，所以随时可以洗澡。

外祖父作息规律，每天 6 点起床，泡完澡后练习一个小时体操。晚饭后出门散步，从上诹访町的一端走 4 千米到另一端，下雨天的话就不出去了，换成在自家廊子下来回走 4 千米。

外祖父通晓汉学，熟悉中国历史，总是让我坐在他的膝盖上，给我讲许多有关中国的历史。我感觉自己仿佛在听童话故事。

1868 年，外祖父 11 岁时在寺子屋用“白文素读”的方法学过汉文。“白文”是指不加假名和标点的汉文，“素读”是指不求理解地朗读。“读书百遍，其义自见”，在反复诵读的过程中自然而然地理解文中的意思。

我上中学三年级后的暑假，外祖父看我因不懂汉文而苦恼，主动提出要教我。这可是个难得的机会，于是我就带着教科书去了。结果外祖父一看，嘴里念叨着“这都不会读啊”，不过直到最后他也没为我解释一句文章的意思。对于用“白文素读”的方法学习汉文的外祖父来说，想必也没意识到“教”意味着要解释文章的意思。

除了汉学以外，外祖父还热衷于学习许多不同的学问。我手上有一些外祖父抄写英文版火山学书籍的部分笔记。他用毛笔抄写英文，甚至还临摹了中央有火山的珊瑚礁的细节图，这需要付出不寻常的努力。外祖父对动物学最感兴趣，他走遍山野，采集昆虫和鸟类等做成标本，收藏在大大小小的木盒里。我还观摩过外祖父给类似老鼠的动物做标本的过程。外祖父会依次剥除小老鼠的外皮，最后拔出尾骨，尾部外皮如脱袜子般翻了过来，于是整张外皮与肉体就分离了。

外祖母性格安静，个子不高，即便碰到不顺心的事，也只会嘴上发发牢骚，从不会大喊大叫。每晚一过 9 点，她会将记有当日购物明细的手账和余下的钱放在外祖父面前，跪坐着接受会计检查。只要有一分钱对不上，都会遭到外祖父训斥，不过她也只是低头认错。外祖母一辈子都逆来顺受、贤良淑德。

五中时期

小学毕业后，我考入了五中（东京府立第五中学，今小石川高中的前身）。当时也有入学考试，不过还没有面向小学生的辅导机构，所以准备考试时只需复习学校教过的知识就行。

校长伊藤长七先生是五中的创立者，其创建五中所怀的信念为："所谓教育，是用心将人子养育成人，尊重与培养少年与生俱来的天性，帮助他们实现身心健康发展，并努力为他们提供一切有利条件。"五中是一所校风自由的中学。

当时，中学生的校服基本采用立领的款式，而五中的校服是西装搭配领带。而且，学校里还有两位女老师，一位教英语，另一位教汉文。听说伊藤校长曾在家长会上说到"清一色的男士，感觉冷冰冰的"，不过，在当时的中学（中学是指男子中学，女子中学称作女校）中，只有五中有女老师。

每天上午，全校学生都集中到操场参加早会。校长在会上会发表讲话，内容从日常生活到政治、经济。他也经常呼吁说"别局限在狭小的日本，去巴西开荒吧"，他提倡的开拓精神给我留下了特别深刻的印象。“开拓·创造”是五中的宗旨。

学校里也没有“御真影”（天皇的照片），这在日本也是史无前例的。每到纪元节[①]等节日时，伊藤校长让全校学生清晨6点到二重桥前集合，一起高呼三声万岁，以此代替向“御真影”敬礼。

从中学的一年级到三年级，教英语的物井道子老师一直是我们的班主任。每到学期末，物井老师都会问班上的每一位学生本学期请过几天假，并记在出勤本上，可能是因为平时都不点名。伊藤校长尊重学生的自主性，贯彻自由的校风。不过很可惜，我上四年级时，他不幸去世了。

在当时的中学课程中，一年级的数学课学算术，二年级到四年级学代数与平面几何，五年级学立体几何。那时的中学五年级相当于现在的高中二年级，但没有涉及微积分以及概率、统计。

中学数学教的平面几何是传统的欧几里得平面几何，得益于此，当时的中学生能通过平面几何学习逻辑。欧几里得平面几

① 日本初代天皇即位的纪念日，为2月11日。纪元节在第二次世界大战后一度被废除，1966年恢复，现为建国纪念日。——编者注

何，大概是最适合用于教授逻辑的教材吧。近年来，日本的初等教育和中等教育删除了欧几里得平面几何的相关内容，这导致逻辑的相关教学也不复存在，令人惋惜。

中学从二年级到四年级学习代数和几何学，三年间各用一本教科书。三年级时，我与同学西谷真一一起学习代数和几何学，我们从头开始做练习题，结果不到半年就学完了四年级的内容。

五中时期，物井道子老师（前排右二）与作者（前排右三）

于是，我去买了藤原松三郎的《代数学》开始自学。这套书专门讲解代数学，第一卷有600页，第二卷有800页。我已经忘了当时读到哪儿了，但依然清晰地记得自己拼命学过有关二次剩余的互反律证明，也记得学过矩阵和连分数，还记得学过伽罗瓦理论，不过到最后也没弄懂。伽罗瓦理论出现在第二卷的开头部分，不过第二卷对于中学生来说难度太大，所以也有可能我是进入高中以后才接触到伽罗瓦理论的。

当时的我为什么选择购买了《代数学》呢？其实理由很简单，去神田的三省堂书店买书时，恰好看到这套书而已。五中的图书馆里藏有竹内端三的《高等微分学》，我一直以为很难，所以也不敢碰。如果那时候知道《高等微分学》是面向高中阶段的微分学知识，那我肯定先读它了。

后来我又尝试读过林鹤一翻译的希尔伯特的《几何学基础》，但完全读不懂。不过，这本书提到的一些内容让我很在意，比如“能用比例证明的等角或等长相关的定理，不用比例也能证明”。后来在学校的几何课上，我在做一道可以用比例简单证明的题时，故意选择不用比例，而是通过画多条辅助线成功证明了定理。不过，老师看到后也只是评价说“你好喜欢画辅助线啊”，丝毫没有夸我的意思。

代数学

在开始读《代数学》时，我明确地意识到数学是自己喜欢的学科。除了数学外，物理和化学也还不错，但剩下的其他学科，比如英语、汉文、日语、地理和历史等却统统不行。那时候的我依旧说话声音很小，又有点儿口吃，所以上日语课或汉文课时，最讨厌被老师点名站起来朗读课文。教汉文的冈老师也严厉地批评过我，说我说话的声音太小了。

中学时代我也很惨。在教室里，我尽量不引起老师们的注意。最让人感到窒息的是体育课和军事操练，教官都是分配到各个学校的高级军官，他们非常严格。

阅读《代数学》并不轻松，不懂的证明我会反复去看，还会抄在笔记上背下来，可谓费尽心思。当时的我获得了这样一种经验——反复抄写背诵不懂的证明，自然而然就能懂了。现在的初等教育和中等教育阶段很重视“易懂、好理解”，学生自己去揣摩不懂之处的机会反而变少了，这种教育方式是否更好呢？我个人持怀疑态度。

多亏有中学时期苦读《代数学》的经历，在考入高中和大学以后，我在数学学习上没吃过什么苦头。至于为什么要费这么多功夫自学《代数学》，我也说不上来，也许是因为除了数学，我什么都不好，心里感到自卑，所以潜意识里想着至少在数学方面不想输给任何人。

中学时期的我立志成为一名工程师。我那时还不知道世界上还有一种职业叫数学家，他们的工作是撰写数学论文，所以学习《代数学》也不是为了成为数学家。

1921 年到 1922 年期间，父亲在欧洲出差。当时的德国出现了严重的通货膨胀，马克对日元贬值，父亲买了钢琴等许多礼物回来，其中还有一盒德国产的组装玩具。打开巨大的玩具盒，能看到里面分布着许多等间距的孔，孔里是各种形状的铁板、螺丝钉、螺帽、车轴、车轮等零件，可以组装吊车、电车等。

当时的我每天都玩这个玩具，用它组装许多东西，也从中学到了很多知识。最开始学到的是，三条边的长度比为 3 : 4 : 5 的三角形是直角三角形。上中学后，我试着给电车安装了一个小马达，然后用铁芯卷上铜线制作变压器，再将电线的 100 伏电压降至 12 伏，就能让电车移动起来了。当时觉得，光玩个玩具就如此有趣，要是成为工程师就可以组装实物，那肯定很有意思吧。

后来我成了数学家，在构建数学理论时发现，构建理论与制作玩具之间有异曲同工之妙。两者都有既定的“材料”，如果不下功夫去“组装”，就无法“制造”出自己预期的东西。

津守元太是我在五中时期最好的朋友。津守的父亲是东芝董事，后来担任了社长。当时的镰仓是别墅区，津守家的别墅坐落在极乐寺深处。那里住着照看房子的老爷爷和老奶奶，可以随时去过夜。而且家里还为元太和他的兄弟姐妹养了马，所以还住着一位马夫。客厅挂着“一事勿说两遍”的字匾。极乐寺附近只有两栋别墅，周围是茂密的森林，一到夏天就回荡着喧闹的蝉鸣声。七里滨除了一家结核病疗养所以外，不见一户人家。在新田义贞投剑入海以祈求胜利的稻村崎，还能看到历史的痕迹。

我经常去元太家的别墅过夜，和他一起在镰仓周边无拘无束地徒步。带着便当出远门时的路线有，从材木座沿着海岸走到小坪，再从小坪越过山岭到达横须贺，最后从横须贺坐电车回到镰仓，或者走到大船再坐电车回镰仓，等等。当时的小坪是古老的渔民街。津守元太从庆应大学毕业后申请了候补干部，后来在战争期间离世，令人惋惜。

作者和中学时期的同学

当时的中学是五年制，不过从四年级起就可以参加高中入学考试。化学考试的计算题很多，不过我都能应付，所以教化学的关野老师一直觉得我能力不错。上四年级后，他便一个劲儿地劝说我参加第一高等学校（今东京大学教养学部的前身）的入学考试，不过懒惰的我，最终也没去申请。虽然老师说在中学多待一年是浪费时间，但对我这种懒虫来说，没什么可着急的。

一高理科乙类

在当时，高中的入学考试是一大难关，相当于现在的高考，一高入学考试的竞争率高达 8∶1 到 9∶1。不过与现在不同，入学考试不受偏差值限制，所以只要想考，任何人都可以申请参加一高的考试。现在，东京大学入学考试的竞争率大概是 2∶1，如果所有人都能申请，也许反而更容易考入东京大学。但因为存在偏差值的限制，所以不是任何人都能申请参加。说来奇怪，现在明明比以前自由，在入学方面的限制却变得越来越严格。

一高的考试科目主要是数学、英语、汉文和日语，还有一科每年在变，到考试前几个月才会发布当年到底考哪科。为了备考，我去上了培训班，是“想法研究社”举办的周末讲习会。那时候经常有模拟考试，如果答案字迹潦草，就算回答正确也会扣分，所以数学模拟考我也很少拿到满分。在这种考试中，倘若下苦功夫写下奇思妙想的另类证明，则会被重重地扣分。

中学五年级时，我申请了一高的理科乙类（1），乙类是指以德语作为第一外语。理科乙类分为两种，一种是申请理学院或工学院的（1），另一种是申请医学院的（2）。我虽参加了考试，但除了数学其他都没考好。我按培训班教的那样，用又大又漂亮的字写了答案，不过不管是英语、日语还是汉文，我连很多题目都没看懂。那时的考试不像现在有判断对错题，很多考试题目都要求直接翻译大段文章。我觉得自己肯定会落榜，所以没等结果发布就跑去津守在镰仓的别墅玩儿，并打算在那儿过夜。结果收到了母亲发来的电报，上面写着“考上了，回来吧”。

当时是按成绩排名发布录取结果，没想到只会数学的我竟然考了理乙（1）的第一名。也许数学之外的那些科目，我不懂装懂写下的答案都恰巧蒙对了。所以我觉得，入学考试中用偏差值设限，可能谈不上是一个好方法。

理科乙类有两个班，我们班大概共有 40 位学生，其中一半申请的是（1），一半是（2）。本以为上了一高以后大家算是成年人了，上课应该不需要点名了，结果每节课都点名，这让我大失所望。我仍然还有点儿口吃，所以很担心被喊到名字时一下子答应不了该怎么办。

在当时，一高的理科很重视外语和数学。高一时每周有 10 节德语课，任课老师是立泽刚教授。他的教学方法非常简单粗暴，第一学期学完语法后，到了第二学期突然要求我们阅读小说，一个句子甚至长达 20 行，特别难懂。他曾叫我起来，说：“你把德语的字母表，倒着背背看。”我呆呆地站着，感觉自己仿佛已经“死去”。期末考试的题目是背诵那篇难懂的小说，并从头到尾全部默写出来。考试时我们在奋笔疾书，老师却悠闲地看起了德语报纸。

再说数学课，高一时渡边秀雄老师负责教我们三角法。渡边老师讲课时眼睛注视空中的模样，我至今记忆犹新。他讲了一年的三角函数，我佩服他竟能找到如此多的相关资料。我们的班主任荒又老师负责高二的微分和高三的积分，选用的教科书是竹内端三的《高等微分学》和《高等积分学》。这两本书我上中学时敬而远之，其实倒是通俗易懂的名作。另外，田中正夫老师负责教我们解析几何，黑川龙三老师负责代数学。

除了德语和数学，当然还有其他课程。负责这些课程的老师们看起来都很悠闲，其中要属植物课的石川老师最轻松。就连出勤点名的时候，只要解释说“那个男生去练习划小艇了”，石川老师便答道“那就不算他缺勤了”。唯独有一次，他批评了在课桌上躺着看报纸的学生，说“你这也太过分了吧”。

进入一高后，我开始阅读“岩波数学讲座”、高木贞治老师的《初等整数论讲义》等，同时也继续学习从中学时期开始读的《代数学》。

我有时会去拜访荒又老师，留在他家喝啤酒、吃晚饭。那时候我知道了荒又老师的妻子毕业于上野的音乐学校，学过声乐。

我在中学时期想要成为一名工程师，但考入一高后我改变了志向，想成为一名高中的老师，因为荒又老师看起来每天都悠闲自在、乐在其中。

第 2 章

东大时期

考入东大

1935年，我从一高毕业，考入了东京大学数学系。当时没有专门面向大学入学考试的培训班，不过只要在高中时认真学习，考大学也并非难事。

东大数学系每届有十五名学生，只有五个教研组。教授有高木贞治老师、中川铨吉老师、挂谷宗一老师、竹内端三老师和末纲恕一老师，助理教授有辻正次老师和弥永昌吉老师，助手只有龟谷俊司老师一人。另外还有负责杂事的大叔和阿姨各一人，但没有事务员，所以龟谷老师兼任图书管理员。从没有事务员这点来看，数学系几乎没什么行政工作。老师们看起来都过得非常悠闲自在。

大一的课程有高木老师的微积分学、末纲老师的代数学以及中川老师的几何学等。微积分学每周上四次，课表上写着从11点上到12点，但高木老师11点10分左右才来教室，然后去休息室坐着，悠闲地喝起茶来。高木老师到11点半才正式上课，不过会按课表上写的12点准时下课。高木老师面朝黑板写公式时露出的大耳朵给我留下了很深的印象。上课内容跟他给“岩波数学讲座”写的《解析概论》[①]基本一致。高木老师的课每次30分钟，每周四次，共两小时，而他却在一年内讲完了《解析概论》(不包括现行版本中的勒贝格积分)，简直不可思议。

刚进东大时的作者

弥永老师承担了微积分学的专题练习课。“岩波数学讲座”系列里有弥永昌吉的《几何学基础论》，上大学前，看到这晦涩的书名和严肃的作者名字时，还以为作者是一位身材高大、性格严厉的老师。令人意外的是，弥永老师本人性格温和，长得有点儿像当时一部著名电影《离别曲》里的男主角肖邦。

在第一节代数学课上，末纲老师在黑板上画了一个大圆，又

① 中译本:《数学分析概论(岩波定本)》，人民邮电出版社，2021年出版。——编者注

在圆下面画了两撇胡子，原来这个图形是表示“域”（一种定义了加、减、乘、除的体系）的德语字母$\mathfrak{K}$。末纲老师自己承担了代数学的专题练习课。这门课很恐怖，课上被点到名字时，如果一开始就回答说“不会做”，老师只会苦笑而已，这倒也没什么。但是，一旦到黑板上解题，如果中途卡住写不上来的话，就会挨骂：“磨磨蹭蹭的，搞什么呢?!”

另外，力学专题练习课也是必修课。既然有专题练习课，按理说应该也上过力学课，不过我完全没印象了。力学专题练习课每周一次，要从下午一点上到五六点，特别煎熬。

在当时的日本，数学正处于从古典数学向现代数学转换的变革期，许多必修课在现在看来都没有必要开设，中川老师的几何学就是其中之一。中川老师借给我们每人一本萨蒙（Salmon）的《解析几何》。这本教科书古色古香，也很厚实，大概有300页，内容是三维空间中的二次曲面理论。我没想到关于二次曲面竟然能写300页，而且还附带许多讨论题。在几何的专题练习课上也讨论了这些题，的确很难。这些几何学知识如今我基本忘光了，在一百年后，我们现在所做的绝大部分数学研究也会被人遗忘吧。一想到这儿，就会莫名觉得感伤。

东京大学数学系。前排有高木贞治老师（前排右四）、
弥永昌吉老师（前排右一）、末纲恕一老师（前排右二）

旧制大学数学系的课程除了力学外，全部都是数学课。力学也是数学的应用，所以基本都在学习数学的知识。而且，上大学后我们也终于被承认是成年人了，不仅上课不点名，就连考试也基本没人监考，老师会偶尔来考场看两三次而已。上了大学以后，我再也不用对付那些自己不擅长的科目，因此我终于找回了自信，感觉自己能独当一面了。

当时每个年级只有十五名学生，正因为人少，所以我们很快就打成了一片。考末纲老师的代数学那天，日本刚好爆发了“二·二六事件”[①]，考试因此被叫停了。于是，我们高兴地结伴去了上野动物园。

到了大二，安倍亮考入了我们数学系。他一年前申请了物理系，不过由于身体原因不幸落榜。据说当时安倍入学成绩的平均分高达 96 分，他见识宽广，无所不知。我后来担任物理系的助理教授时有幸翻阅了他以前的入学成绩，往年的最高分基本在 70 分左右，安倍能考到 96 分，可谓前无古人后无来者了。我们很快就跟安倍熟悉起来，好像同班同学一样。

① 1936 年 2 月 26 日，一部分日本军官率领 1483 名日本官兵，以“昭和维新”“尊皇讨奸”为口号，袭击了当时的日本首相冈田启介等政府要人。——编者注

翘课

大一时，我会认真地去上课。不过到了大二，没多久我就开始翘课了，因为我觉得，每周上两小时的课效率太低了。除去寒暑假的话，一年要上 8 个月的课，每周上两小时，那么一年差不多只有 64 小时。如果每天学习 8 小时，那么 8 天就足够了。

于是我翘了学校的课，除了期末考试前向同学借笔记看看外，其他时间去丸善书店买各种书回来自学。第一本是有关勒贝格积分的书，书名和作者的名字已经忘了，好像很小一本，封面是红色的。从那时起，我在阅读数学书的过程中养成了一种习惯——在阅读时思考其他的证明方法，以及构造实例和反例。我用数轴上的勒贝格不可测集，构造出了一个具有特殊性质的例子。现在我只记得这个过程很有趣，却想不起具体内容是什么了。

學修科目	期間	成績		擔任教員
必修 微分積分學	自昭和十年四月 至昭和十一年三月	優	昭和十一年三月	高木貞治
必修 代數學	自昭和十年四月 至昭和十一年三月	優	昭和十一年三月	末綱恕一
必修 幾何學	自昭和十年四月 至昭和十一年三月	良	昭和十一年三月	中川銓吉
必修 函數論	自昭和十一年四月 至昭和十二年三月	優	昭和十二年三月	竹内端三
必修 微分方程式論	自昭和十一年四月 至昭和十二年三月	優	昭和十二年三月	掛谷宗一

东大数学系的成绩单①，印有成绩以及任课教师的签名和盖章

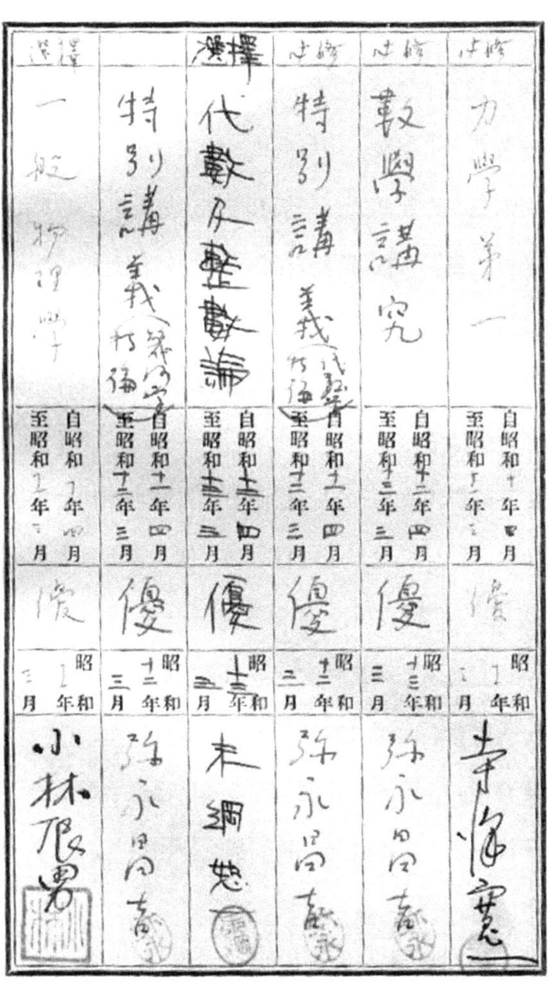

必修	必修	必修	選擇		選擇
力學第一	數學講究	特別講義（[illegible]）	代數及整數論	特別講義（[illegible]）	一般物理學
自昭和十年四月 至昭和十一年三月	自昭和十二年四月 至昭和十三年三月	自昭和十二年四月 至昭和十三年三月	自昭和十二年四月 至昭和十三年三月	自昭和十一年四月 至昭和十二年三月	自昭和十年四月 至昭和十一年三月
優	優	優	優	優	優
昭和十一年三月	昭和十三年三月	昭和十三年三月	昭和十三年三月	昭和十二年三月	昭和十一年三月
寺澤寛一	彌永昌吉	彌永昌吉	末綱恕一	彌永昌吉	小林[illegible]

东大数学系的成绩单②

虽说我翘课了，但每天都会去学校，或许是隔天去一次，跟同学一起去第二食堂边吃冰激凌边聊天。我经常跟同班的伊藤清、河田敬义、古屋茂、中村秀雄、白石一诚，以及比我们低一年级的安倍亮在一起聊天。午饭套餐 15 钱一份，豪华版是 25 钱一份，米饭免费，饭桶就摆放在餐桌上，可随意加饭。我们一旦发现冰激凌表面沾了点儿灰尘，就马上喊服务员过来，让她换个新的给我们。甚至有人能把沾了灰尘的冰激凌和新换的都吃光，真是一名勇士。

安倍亮的学识可不一般。跟他一起去散步，他会告诉我沿途所有花草的名称；和他一起去看电影，他会告诉我大屏幕上的建筑物年代几许、风格如何。他钢琴弹得不错，对乐理也很了解。有一天，我们又聚在第二食堂吃着冰激凌聊天。突然，以博学自居的中村秀雄背诵起了《神皇正统纪》，不过背着背着就卡壳了。伊藤清接着背诵，不一会儿也变得磕磕巴巴，于是安倍继续把后面的文章背完了。自那时起，我们都觉得中村是装博学，安倍才是真博学。

暑假来了。我本打算在暑假自学亚历山德罗夫（Alexandroff）和霍普夫（Hopf）合著的《拓扑学》，这是一本厚厚的德语版数学书。不过那个年代还没有空调，天气又热得让人受不了。晚上院子里很凉爽，不过一出去，马上就有一大群蚊子扑面而来。我已经记不清楚了，不过母亲说那时候我在院子里支起了一顶蚊帐，然后躲在里面学习。最后，我向父亲要了一张百元大钞，跑到了轻井泽，住进了位于旧轻井泽町中心的轻井泽酒店，在酒店房间里学习。

至于为什么选择去轻井泽，是因为我小时候在那儿待过一个夏天，对轻井泽有美好的回忆。那年夏天，母亲没回上诹访，她带着我和弟弟，跟着叔叔一家一起在轻井泽的离山山脚下租了一栋别墅。

那时的轻井泽几乎见不到树木，可能是天明年间的浅间山（火山）喷发把树木都烧了个精光。整个山坡是一片宽阔的草原，长满了轮锋菊、地榆、桔梗和萱草，从别墅二楼可以俯瞰整个南轻井泽。山脚下的别墅也只有寥寥几栋。那时候的天气也比现在好，晴天比较多，积雨云的影子悄悄地从草原上飘过，呈现一片壮丽的景色。每天傍晚都迎来雷阵雨，雷声隆隆。有时也弥漫着茫茫白雾，空气却令人神清气爽。

轻井泽酒店位于旧轻井泽町的中心地带。当时的信越线从横川到轻井泽由阿卜特式电力机车牵引，全程需要一个小时。穿过碓冰峠的隧道，高原的凉风从车窗外吹进来。轻井泽还是一如既往地凉爽。

当时轻井泽的住宿也不便宜，百元大钞也撑不了几晚。我在酒店住了 10 天，然后乘坐小海线去了上诹访的外祖父家，住在独栋的附属房里继续学习。在去外祖父家的途中，一只跳蚤从小海线车厢的行李架上掉了下来，刚好掉进我的衣领里，我忍着后背的刺痛匆匆下了车。

读完《拓扑学》后，我读了杜林（M. Deuring）的《代数》(*Algebren*)，并且写了一篇小论文。

大二开设的课程有竹内端三老师的函数论和挂谷宗一老师的微分方程等。上微分方程的专题练习课时，我偷偷去看了一下教室内的情况，发现只来了五六人。挂谷老师拿着大家的照片对照着点名，我心想这下可完了，不过到最后也没进去上课。

快到期末考试时，我会提早几周向河田敬义借笔记回来抄。河田的笔记做得很详细，他会把老师上课讲的内容都一五一十地记下来。那时候当然还没有复印机，只能自己动手抄。在整理笔记和认真抄写的过程中，讲义的内容也自然而然地印在了脑海中。还有同学问我借笔记抄，至于是谁，我已经记不清了。

过渡人

大三只有“数学研讨”一门必修课，其他什么都不用做，很轻松。在这门课上，我们要选一名导师，在他的指导下阅读著作和论文，并且开始做数学研究。“研讨”是指 seminar，也就是讨论班的意思。

我在大三加入了弥永老师的讨论班。当时我正在阅读杜林的书学习代数，所以打算讨论班也选择代数。刚好河田敬义也在学习杜林的书，所以我和他结伴去末纲老师家请求加入讨论班。末纲老师明明答应了，可没想到几天后他寄了一封信给我，让我“跟弥永老师学几何”。于是我马上拿着信赶到弥永老师家，请求加入他的讨论班。

至于讨论班上都干了什么，我已经完全没印象了，甚至脑中也丝毫想不起来开讨论班时的情景。据弥永老师说，我在讨论班上讲了亚历山德罗夫和霍普夫合著的《拓扑学》，这正是前一年暑假我一个人在轻井泽刻苦学习时读的书。也许是因为第二遍读这本书的缘故，我对讨论班的印象一点儿也不深。

东大时期的作者

大三的暑假，我跟着古屋茂和他的一位朋友去爬了奥穗高。古屋是登山爱好者，在这之前他已经多次挑战过三千米级别的高山。这是我人生第一次，也是最后一次爬高山。从上高地出发时天气晴朗，随后天气逐渐变得恶劣。等爬到山脊时，白茫茫的云雾挡住了我们的视线，能见度只有几米。如果是晴天的话风景肯定很壮观，不过那会儿只能看到几米外的岩石。我完全迷失了前进的方向，不过古屋倒是一副胸有成竹的样子。到了傍晚，我们三人终于走到了奥穗高的山中小屋。

在返程的中央线火车上，周围的乘客们在讨论着“下次会收到入伍通知书”，听起来感觉有些奇怪。回到东京后一看报纸，原来在我们爬山期间发生了大事，战争爆发了。

从数学系毕业后，我又参加了入学考试，考入了物理系。考试科目里有我最不擅长的化学。我没什么信心，所以去请教了物理系主任寺泽老师。结果他告诉我：“化学在物理系的入学考试中不占比重，就算化学考零分也有机会被录取。”这下我放心了，于是学了差不多一个月的物理就去参加考试了。

我考物理系有两个原因，一是因为当时日本正好出版了赫尔曼·外尔的《群论与量子力学》以及冯·诺依曼的《量子力学的数学基础》等书籍，我发现数学与物理间的关系越发紧密。二是因为战争的影响在不断扩大，我感觉毕业后也看不到出路。在这个过渡时期，很多学生通过留级来拖延毕业的时间，我重新考入物理系就读同样是为了推迟毕业。

在当时，东京大学的理论物理带有浓厚的物理数学色彩，有好几门必修课与数学系相通。对物理系的学生而言，不管是相对论还是量子论，数学在这些理论中的运用才是最难的。而对于毕业于数学系的我来说，物理系读起来很轻松。而且，我主动向给物理系学生开设数学课的几位任课老师申请了免修免试。下课后，我在教室直接向老师们请求“同意我免修”，他们都当场答应了。现在想来倒觉得有些不可思议，难道老师们不用向教授会报备就能自行决定吗？免修免试学生的成绩又如何处理呢？不过那时的我可不会想这么多。那段时期，我每天过着无忧无虑的生活。

大一的物理实验课是必修课，我到现在还记得第一次上课时做了焊锡实验，不过之后的课上还做了哪些实验我已经完全不记得了。另外，物理数学专题练习课跟数学系的力学专题练习课一样让人头疼。大二时，我去旁听了藤原咲平老师的气象学课，藤原老师被称为“天气博士”，名气很大。藤原老师在第一节课就慢条斯理地提醒我们：“第一学期讲点儿无聊的内容，等第二学期来的人变少了，再给你们讲些有意思的东西。”我听得目瞪口呆，所以去了一次就放弃了。我还去旁听了萩原老师的天文学课，但课程进度太快，我完全一头雾水。天文课下课后我坐在休息室喝茶，刚好碰到萩原老师也来喝茶，他一脸得意地问我：“怎么样，是不是没听懂?”那时我才明白，有些课程并非是为了让学生听懂而开设的。

我与钢琴的缘分

转眼间到了大三，我加入了坂井卓三老师的讨论班跟他学习场论。那时候场论研究才刚刚开始，还没出版什么著作，所以我只读了几篇论文。

虽然上了物理系，不过我在学习物理的同时仍然继续研究数学，这期间共写了 8 篇论文，其中有 6 篇短篇论文发表在《日本学士院西文纪要》上。最后一篇是关于哈尔测度的长篇论文，刚开始是用日语写的，发表在《全国纸上数学谈话会》上。从大三的暑假到秋天，我将这篇论文翻译成了德语，经弥永老师修改后投稿到《日本数学物理学会志》。那时候的日本数学会和日本物理学会还没分家，称作日本数学物理学会。不知道是《日本数学物理学会志》经费特别充足，还是当时投稿的论文太少，我的长篇论文在几个月后就印刷出版了。也许是因为那时还没有设置审阅人一职。

换个话题，我大概是从中学三年级开始练习钢琴。父亲在 1922 年从德国买回来的那架钢琴，一直放置在客厅里。中学三年级时我试弹了一下，没想到自己能看懂乐谱，并且很快就学会了弹奏简单的奏鸣曲。当时，东京高中的德国文学教授石川练次老师一家正好住在我们隔壁。而且，他是母亲的嫂子（即我舅妈）的弟弟，所以我叫他石川舅舅。石川舅舅酷爱音乐，他说既然要弹钢琴，最好跟着内行学。他刚好有位会弹钢琴的学生叫中岛得二，就读于东京大学，于是石川舅舅介绍中岛给我认识。正式开始学琴后，每天都必须练两小时音阶和琶音，特别痛苦。虽然我后悔学钢琴了，不过还是坚持每周去中岛家上一次课。

没过多久，中岛从东大毕业后去了外地工作，他的姐姐，小提琴手中岛田鹤子接替他来教我。我不记得当时学了多长时间，也忘了学了哪些曲目，但始终记得练过门德尔松的《随想回旋曲》。那时候跟田鹤子老师一起去听了莫依塞维奇的钢琴独奏会，演奏曲目中刚好有《随想回旋曲》，节奏快得令人咋舌。这是我生平第一次听钢琴独奏会。

后来，田鹤子老师跟我说："还是跟专业的钢琴家学比较好。"在她的介绍下，我开始跟着河上彻太郎的太太学习钢琴。上钢琴课被老师批评是家常便饭，但河上老师的批评方式让我备受打击，没学几个月我就放弃了。

过了一段时间，田鹤子老师又给我介绍了泽崎秋子老师。这次我学了很长时间，秋子老师和井口基成结婚后还继续教我弹钢琴。在数学系读大一时，我因为盲肠手术住院，所以停了一段时间，再后来就不了了之了。我还记得跟秋子老师学了贝多芬的《第十七号钢琴奏鸣曲》、舒曼的《幽默曲》等，最后一首学的是肖邦的《第一叙事曲》。

虽然我不学钢琴了，不过之后每年都在田鹤子老师徒弟的独奏会上给小提琴伴奏，那是我上物理系的时候。田鹤子老师的徒弟里有年龄小的孩子，不方便拜托专业钢琴师帮忙伴奏。据说因

独奏会结束后留影。前排右一是作者，前排右五是外山滋

为我为人爽快，认谱也快，所以就来找我帮忙了。

我为许多人伴奏过，有外山滋、孝子（田宫博教授的女儿）、上野丰子、Seiko（弥永老师的妹妹）等。我手边还留着一张1940年办独奏会时的照片，当时外山滋才五岁，孝子十岁，两个人长着圆圆的脸蛋，像洋娃娃一样可爱。外山滋现在是一名小提琴家，孝子之后转学钢琴，现在担任东京艺术大学的助理教授。为小提琴伴奏这件事，也让我与Seiko结缘，后来我们结婚了。

记忆中的钢琴家们

继莫依塞维奇的独奏会之后，我又去听了野边地瓜丸的钢琴独奏会，印象中钢琴声特别小。后来我经常去听钢琴独奏会，印象中听过井上园子、井口基成、原智惠子等，也听过外籍的鲁宾斯坦、弗里德曼、肯普夫和克鲁采等。交响乐的话，当时主要听新响（NHK 交响乐团的前身）的定期演奏会，指挥原来是近卫秀麿，后来换成了罗森斯托克。中岛田鹤子老师是新响的团员，她在团内担任小提琴手。

鲁宾斯坦曾在日比谷公会堂连开四晚钢琴独奏会。据他的自传所述，那是在 1935 年的春天。我去听过一场，那晚来的观众不多，有三分之一的座位空着。虽然我已经忘了演出单上的曲目，不过返场时他演奏了法雅的《火祭舞》，弹奏时他双手交叉高高抬向空中的情景我至今记忆犹新。这应该是他的标志性动作，我后来在美国的巴尔的摩再次听过他的独奏会，返场弹奏《火祭舞》时，他同样双手交叉高高抬向空中。

肯普夫的独奏会在中场休息时，他会在从听众席征集的主题中随机挑一个，并围绕这个主题进行即兴表演（improvisation）。当天他挑选的主题是越后狮子，即兴表演以安静的赋格曲拉开序幕，持续15分钟后以庄重的变奏曲结束，我感觉仿佛在听贝多芬的交响曲。这个即兴表演太厉害了，我当时备受感动，无法想象他是如何做到的。这是我第一次，也是最后一次在独奏会现场听到即兴表演。

还有因战争影响来日本定居的克鲁采。无论听过多少遍，每次听到我都会百感交集。李斯特的《精灵之舞》《帕格尼尼大练习曲》，肖邦的前奏曲、练习曲以及G小调夜曲，舒曼的《交响练习曲》等演奏至今仍在耳畔回响。《精灵之舞》自始至终在轻奏，整个曲子营造出被春日雾霭笼罩的氛围。听《帕格尼尼大练习曲》时，前奏的琶音和半音阶一响就俘获了我的心。肖邦的夜曲在临近结尾时，有一处从G升两个八度半到C，听起来仿佛从地底直飞冲天。

克鲁采演奏的低音好似能低至低限，高音又能高出天际，钢琴的音域好像被拓宽了两倍，真是不可思议。

外籍钢琴家比日本钢琴家厉害许多，不可同日而语，光从琴声便能听出区别。从现在来看，鲁宾斯坦、弗里德曼、肯普夫和克鲁采都是名留青史的著名钢琴家，自然弹得很好。然而，无知的我曾以为所有外籍钢琴家都非常厉害，这可是天大的误会。1949 年我搬到了普林斯顿，还以为只要想听就随时可以欣赏到美妙的演奏，所以我从来不会专门跑去纽约（从普林斯顿开车去纽约只需 1 小时）听音乐会。正因为如此，我也遗憾地错过了托斯卡尼尼、施纳贝尔以及巅峰时期的霍洛维茨。

新响的定期演奏会留给我的回忆并不多。他们演奏了太多次马勒的《大地之歌》，乃至我都听厌了。罗森斯托克指挥的拉威尔《丑角的晨歌》是新响的经典演出，逗得我忍俊不禁。还有每次听到贝多芬的《第九交响曲》，我都感动不已。

中学四年级时叔叔送了我一台留声机，我是从那时开始听唱片的。留声机和唱片都被战火烧毁了，但我对约瑟夫·列文涅弹奏的由舒尔茨·埃夫勒改编的阿拉伯风格的《蓝色多瑙河》唱片有着特殊的回忆。

这首钢琴曲将施特劳斯的《蓝色多瑙河》改编成音乐会曲风。现在的钢琴家基本不弹改编的钢琴曲，但在当时这首曲子是出了名的高难度钢琴曲，常常被人演奏。我在日比谷公会堂听过好几次，一次是弗里德曼的独奏会，另一次是上野音乐学校的外籍教授任期届满回国时的告别演奏会，第三次是双钢琴合奏的改编曲，由罗森斯托克和井上园子合作弹奏。那时的我不清楚列文涅是什么风格的钢琴家，但唱片中的演奏优美，让人愉悦，所以我一直循环播放。

战争结束后不久，在疏散地诹访的米泽村，当我从收音机中再次听到列文涅的唱片时，顿时感慨万千，世界终于又重新回到了从前那个可以欣赏音乐的和平年代。从广播中的解说得知，列文涅在战争期间过世了。

后来在美国居住时，我购买了日本胜利公司在 1955 年推出的唱片《列文涅的艺术》(*The Art of Josef Lhevinne*)，也阅读了介绍钢琴家的书籍。那时我才知道，列文涅是一位超一流的钢琴家。《列文涅的艺术》将列文涅的 SP 唱片[①]整理并改版成 LP 唱

① 粗纹唱片。

片[①]，里面收录了肖邦的练习曲《三度》《八度》《冬风》《英雄波兰舞曲》，还有舒曼的《托卡塔》、舒尔茨·埃夫勒的阿拉伯风格的《蓝色多瑙河》等。

列文涅的演奏技艺炉火纯青。如今，波利尼的唱片被誉为肖邦练习曲的示范演奏，不过将之与列文涅的唱片进行对比的话，比如同时听他们弹奏《三度》，就会发现波利尼的演奏听起来像是音乐学校的学生在练琴。如果单独听波利尼，他的演绎的确完美重现了乐谱，让人一度以为《三度》曲风本是如此。然而，当听到列文涅演绎的版本时，会让人眼前一亮，原来这样演奏才能突出《三度》的美感。换言之，波利尼忠实地按乐谱弹奏，他对曲子本身的理解尚浅，而列文涅对曲子有深刻的见解。

列文涅在莫斯科音乐学院时跟拉赫玛尼诺夫是同学。据勋伯格的《大钢琴家》所述，霍夫曼和拉赫玛尼诺夫是与列文涅同时期的最著名的钢琴家。

拉赫玛尼诺夫的演奏可以从唱片中听到，日本胜利公司推出的唱片《拉赫玛尼诺夫的艺术》收录了舒曼的《狂欢节》。唱片

① 黑胶唱片。

的结尾曲目是《大卫同盟进攻腓力斯人进行曲》，节奏明快且紧凑，演奏富有冲击力。跟他的唱片一对比，鲁宾斯坦的唱片也像是音乐学校的学生在练琴。如果世界上没有拉赫玛尼诺夫的唱片，我也许永远不会知道舒曼的《狂欢节》是多么梦幻的音乐。钢琴家们的演奏让我感受到了音乐的精髓，这太奇妙了。

战争爆发

从物理系毕业后，我担任物理系的委托研究员，同时也给学生授课。我已经不记得自己具体上过什么课了，不过其他的课我也不懂，所以应该上的是物理数学。第一次站在讲台上看着身穿黑色制服的学生时，有一种奇妙的感觉。那年年底，战争全面爆发。

一年半以后，在 1942 年 9 月，菅原正夫老师推荐我去东京文理科大学数学系担任助理教授。同时，我继续在东京大学物理系任教。在东京文理科大学，我负责上数学课以及指导学生讨论班，不用参加系例会和教授会。说是不用参加，或许是菅原老师一力承担了行政工作，我才可以把所有心思都用在数学上。

1943 年 5 月 30 日，经藤原咲平老师做媒，我和 Seiko 结婚了。新婚旅行时我们带着配售米去了箱根的强罗。那时候粮食极度短缺，如果自己不带大米，即便付了房费，也会被酒店拒绝入住。

结婚典礼留影（1943 年）

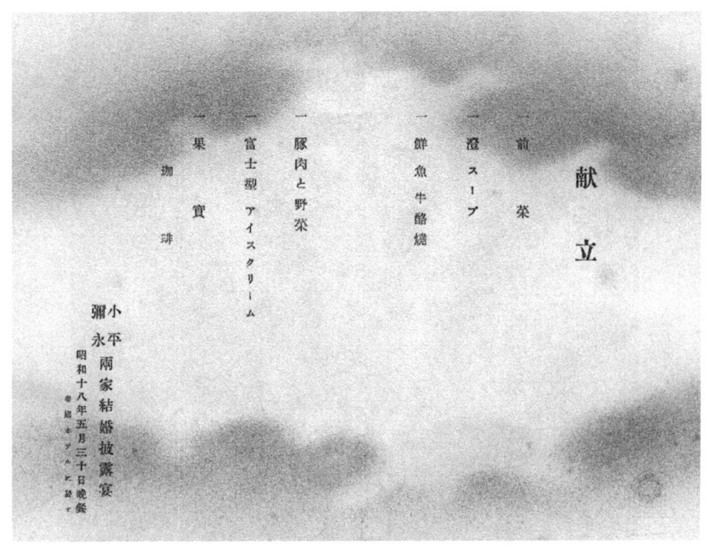

献立

一 前菜

一 澄スープ

一 鮮魚牛酪燒

一 豚肉と野菜

一 富士型アイスクリーム

一 果實

珈琲

小平
彌永 兩家結婚披露宴

昭和十八年五月三十日晩餐

帝国酒店的婚宴菜单。因在战争期间，招待比较简单

1944年1月，我就任东京大学物理系的助理教授，同时兼任东京文理科大学数学系的助理教授。3月，我们的长子和彦出生了。我在物理系任教时当然负责的是物理数学的教学。

从这年秋天开始，东京越来越频繁地遭遇空袭。一听到空袭警报的鸣笛声，我们就赶紧躲到物理系的地下室避难。B-29的机身闪着银色光芒，编队从一万米的蓝天上空飞行而过，看上去还是很漂亮的。我实在无法想象空袭者与躲在阴暗地下室的我们是一样的人类，我有种被外星人攻击的感觉，并没有产生同仇敌忾之心。

大概在秋天，弥永家族的女眷和孩子疏散到了轻井泽的别墅。加上我太太和长子在内共有 5 名女士，7 名孩子，他们在别墅过上了集体生活。因为光靠配售米不够吃，所以我太太骑着自行车去了盐泽湖附近采购粮食。那时候大家会以物换物，比如一件丝织和服换一升赤小豆，据说他们还被人要求下次带外套来换。他们还养了山羊，希望能让孩子们喝上羊奶，结果山羊吃了过量的麸皮没多久就撑死了。他们谁都不知道，不让山羊过量食用麸皮是饲养山羊的基本常识。

到寒假，别墅那边又多了 3 名男士，所以一共有 8 名大人。别墅是为了暑假避暑而建，所以在轻井泽挨过寒冬并非易事。冬天气温降至零下 20 摄氏度，需要让水龙头保持流水状态以防止水管结冰。尽管如此，有一晚水管还是被冻裂了，大家费了好大工夫才把水止住。因为有柴火，所以铁锅浴盆也能烧洗澡水，不过浴室墙壁上结了一层厚厚的冰，整个冬天都没融化。

最让人头疼的是厕所问题。抽水马桶结冰后没法用，我们所有人只能都去使用女用人房里的旱厕。结果旱厕也开始结冰，排泄物慢慢堆积成“冰山”，最后“山顶”的高度竟然超过了地板。于是我拿来锤子准备用力敲碎它，结果只敲掉了一小块，“冰山”纹丝不动。被敲掉的那一小块刚好弹到我脸上，虽然感到一丝冰凉，却闻不到一点儿臭味。我发现当气温低至零下 20 摄氏度，就连排泄物的恶臭也被“冻结”了。

到了 1945 年，空袭变得愈发频繁。警报声一响，我们就迅速躲到地下室，根本没办法上课。我向父亲求助，想把物理系疏散到乡下，于是他说帮我安排。等到物理系聚餐时，我提议“把物理系疏散到乡下”。大家问我“有没有什么疏散地”，我答道“我父亲说可以帮忙安排疏散地”，于是大家一致赞成：“那我们疏散吧。”

我倒大吃一惊，原以为这是大事，没想到如此轻松就达成一致。也许是帕金森定律的作用，往往大事反而更容易解决。不过既然已经拍板，我必须负责地完成疏散工作。同时，数学系也加入了疏散队伍。然而，我的办事能力几乎为零，所以只能拜托父亲帮忙与疏散地诹访的村委会、借教室给我们的小学以及提供住宿的旅馆等交涉。我做的事是按父亲的指示拜访了村长和小学校长等。

总之，虽然我什么都没做，却给人留下了“虽然看起来好像什么都不会，却挺有本事”的印象。也许这是我后来被选为理学院院长的原因之一。

我天生懒惰，曾经在 *Life Natural Library* 中看过南美有一种叫作树懒的动物，它们总是挂在树枝上一动不动，身上长满藻类，看起来就像是植物。树懒因为懒惰而成功存活，它们是大地懒（megatherium）唯一的后代。看完以后我非常兴奋，这简直就是我理想中的生活，我讨厌所有带“长”字的事物。如此懒惰的我却被选为院长，还真是“因果报应”。

疏散后的大学，分别迁至茅野和下诹访深处的长地村两地。大二和大三的数学系在茅野，大一的数学系和物理系在长地村。茅野的学生们住在澡堂和寿司店的二楼，长地村的学生们住在深山的小温泉旅馆里，带着家人前来疏散地的老师们借住在农户家的一角。

迁到疏散地后，我们虽然成功逃离了空袭，却开始为粮食匮乏问题而烦恼。我们原以为乡下的粮食供应会比东京充足，不过这是误判。没经历过的人绝对理解不了，没东西吃到底有多惨。尽管如此，学生们却都非常用功。在这届疏散班级里，优秀的数学家辈出，看来生活环境和学习之间的关系也不大。

战争结束

我们家疏散回父亲在米泽村的老家，那是祖父和祖母曾经生活过的一间老房子。借教室给物理系的小学位于长地村，我需要步行 6 千米到茅野，接着从茅野坐火车去下诹访，从下诹再步行 1 千米，才能到物理系的教室。这相当于总共要往返 14 千米。

4 月 13 日的空袭烧毁了父亲在东京中落合的家。当时父亲、秘书渡边英夫以及用人花代在家，他们三人逃出火海，终于在黎明前衣衫褴褛地走到了位于涩谷松涛的森元纪美雄家。在森元家借住几天，待商量出善后对策后，父亲、渡边和花代住进了位于世田谷千岁船桥的一家叫作“立志舍”的宿舍。母亲那时正好在米泽村，所以躲过了空袭。

那年的 8 月 15 日，战争终于结束了。日本最终输了这场人人喊着“必胜”的战争，但是战败没有掀起任何波澜，也许是因为大家打心底里觉得战争必败。

位于疏散地米泽村的家

我弟弟曾被陆军征召，不过幸好他被留在了日本，战争结束时人在宇品的船艇部队服役。宇品距离广岛 6 千米，8 月 5 日早晨，待在部队办公室的弟弟听到爆炸声震天动地，他立马夺门而出，看见空中升起了一朵蘑菇云。于是他赶紧跑回办公室取了相机，再返回门外时蘑菇云的形状已经消散，变成了圆筒状。当天晚上他被派去广岛，在当地处理尸体达 10 天之久。

船艇部队是向外派陆军部队提供服务的兵站基地，储备了木材、大米、白砂糖等丰富的物资。战争结束后，美军接管了武器和弹药，将其他物资分发给了返乡的士兵们。有位士兵家住广岛附近，他分多次搬运木材回去盖了一栋新房，还邀请弟弟说“下次来广岛时一定来我家做客”。弟弟处理完后续工作后，于10月初回到了米泽村。他带了白砂糖回来，却没有带大米。弟弟完全不知道家里粮食短缺，当时我跟他说：“你要是扛袋大米回来就好了。”

博学多才的安倍亮是安倍能成的长子，安倍能成当时担任一高校长，后任文部大臣。安倍亮从数学系毕业几年后，成了东京文理科大学数学系的助理教授。他和我太太的姐姐 Taeko 结婚了。安倍一家也疏散到了米泽村，不过安倍亮跟家人分开了一段时间，独自留在东京文理科大学数学系的疏散地长野县小县郡滋野村。他责任心很强，一直为东京文理科大学疏散的事到处奔波，但是他体弱多病，身体上吃不消。到了夏天，安倍亮从长野回到米泽村的家人身边后就卧床不起，10月便过世了，享年30岁，实在令人惋惜。岩波书店将他留下的38篇论文整合成单行本出版发行了。

我已经不记得战争结束后疏散的物理系是何时以及如何搬回东京的。我稍晚在入秋后才回的东京，在回程的火车里被人偷了一只鞋。就这样，我一只脚光着，一只脚穿着鞋，在倾盆大雨中翻看着地图，好不容易走到了父亲居住的立志舍。之后我住在立志舍的单间里，每天从这里去东京大学上课。因为家人回东京也无家可住，所以只好继续留在米泽村，而我每周末都会回去。

藤原咲平老师当时是气象台台长，在他的帮助下，弟弟去了气象台上班，于是他也住进了立志舍。后来弟弟在气象研究所参与设计气象卫星“向日葵一号”，在 1977 年 4 月他就任气象卫星中心的第一任所长，参与了“向日葵一号”的发射和之后的观测活动。

没过多久，父亲、我们兄弟二人以及花代搬进了在中落合废墟中临时修建的板房里。我和弟弟都不记得时间了，不过在 1947 年的夏天之前肯定已经搬过去了。

留在米泽村的长子和彦患上了肾硬化，在 1947 年 1 月住进了上诹访的日赤医院。那时我太太怀孕 5 个月，之后，六张榻榻米大的病房成了她与和彦的居所。我到周末回上诹访时也会住进病房，每晚被臭虫困扰（现在的人也许没见过臭虫，臭虫被踩扁后有一股花生的气味）。那时候住院需要自带炭火和大米自己煮饭。

5月，我们的长女出生了。但是和彦的病情随时可能恶化，儿科部长宫坂医生帮了我们许多忙。最终我们花光了住院费，只好于11月初带和彦出院回到米泽村。在13日那天，和彦离开了我们，他才3岁零8个月。当时长女康子才6个月大。

空间弯曲的理论

回到东京后粮食短缺的问题依旧没有改善，取暖只能靠暖炉，还频繁停电。不过，被驻日美军接管的地方，以及美国人所住的房屋从不会停电。银座还开了驻日美军专用的餐厅，其中有家餐厅四面镶满玻璃，看起来非常暖和。在华丽的吊灯下，美国人正津津有味地吃着牛排，此番场景至今还历历在目。那时无法想象日本的经济到什么时候才能复苏，一想到日本会永远沦为四流国家，总觉得无地自容。

尽管如此，学生们都刻苦学习，而且学有所成。就算考试时老师们绞尽脑汁出难题，也总有几位学生能考满分。而现在的大学生完全相反，每到期末考试，老师们都得想尽办法为他们出些容易的题目。不知道谁在我物理系的桌子抽屉里放了一颗柠檬，在当时，柠檬可是稀缺品。虽然那颗柠檬发霉了，但香气依旧清新。我将柠檬尽可能地切成薄片，加到红茶里泡着喝。我一边喝着茶，一边开讨论班，一直持续到晚上 8 点多，当然晚饭也没吃。那时候大家普遍吃不饱，却如此精力旺盛，想来也是不可思议。

我已经忘了在讨论班上讨论了哪些内容，不过还记得学过海森堡（Heisenberg）的散射矩阵理论。海森堡基于“应该只利用可直接测量的量来建立物理理论”这一哲学，提出了散射矩阵理论。我在不久前才得知，这篇论文是海军在战争期间用潜水艇从德国带回来的，简直令人震惊。

以讨论班为契机，我对二阶常系数微分方程的固有值问题产生兴趣，并发现了固有函数展开的一般式。利用这项公式，可以一次性证明物理数学中原来需要分开证明的各类特殊函数的展开式。将一般式应用于薛定谔方程时，可以从中推导出海森堡的 S 矩阵理论，因此我用英语写了一篇论文，题为《二阶常系数方程的固有值问题与海森堡的 S 矩阵理论》。写完后，我拜托受普林斯顿高等研究院之邀、将于 1948 年 8 月赴美的汤川秀树老师帮我把论文转交给外尔教授。

之后我收到了外尔教授的回信，他在信中告诉我蒂奇马什（Titchmarsh）已经通过其他方法得出了相同的公式。虽然有些遗憾，不过在外尔教授的帮助下，我的论文发表在了第二年即 1949 年的《美国数学杂志》上。

我从物理系毕业后被外尔的黎曼曲面理论吸引，仔细阅读了他的名作《黎曼曲面》。我后来一直想着能不能将这个理论扩张到高维空间，“黎曼曲面”中关于实调和函数的内容实际上是二维调和向量场理论。我先尝试将这部分内容扩张到高维空间，发现运用德拉姆定理、阿达马的偏微分方程基本解以及外尔的正交投影法就可以轻松实现定理扩张。我决定以后再慢慢撰写详细的论文，暂且先将结论归纳成题为《黎曼流形上的调和张量场》的论文，并拜托高木贞治老师帮我发表在 1944 年的《日本学士院西文纪要》上。

最近，在黑洞的科普读物中经常会提到弯曲的空间，不懂数学的读者可以将黎曼流形理解成将弯曲空间的维度变高的东西，而调和张量场可以理解为在该空间中扩展开来的电磁场。

我在疏散地诹访继续撰写更详细的论文，在长子住院的上诹访日赤医院的病房里，在被臭虫骚扰下终于写完了最后一页。这篇长论文一时半会儿也无处发表，于是到了第二年，即 1948 年，角谷静夫说他在驻日美军中有认识的人，可以拜托那个人帮我投稿到《数学年鉴》。当然，我也担心让完全不懂数学的人帮忙投稿是否可行，不过既然论文在日本毫无发表的机会，只好一试。

结果我在 10 月收到了《数学年鉴》总编莱夫谢茨（S. Lefschetz）教授发来的用稿通知，论文于第二年即 1949 年发表在了《数学年鉴》上。

莱夫谢茨教授

话说回来，连我自己也不明白，为什么那时候一直在拼命写这篇毫无发表可能的论文。

第 3 章

普林斯顿之行

前往普林斯顿

我听说普林斯顿高等研究院的研究员不用履行什么义务，可以做自己喜欢的研究，我心里想着，如果有机会离开粮食短缺的日本，前往物资充足的美国普林斯顿高等研究院，那该有多好啊！不过我生性懒惰，从未想过自己提交申请。

1948 年的春天，菅原正夫老师告诉我，他已经拜托高木贞治老师帮我给高等研究院的外尔教授写推荐信。半年后，我收到了外尔教授寄来的邀请函，问我愿不愿意前往高等研究院，时间从 1949 年 9 月开始，为期一年。于是，我马上跟菅原老师一起去高木老师家道谢，结果高木老师却不慌不忙地说："哎呀，我太懒了，其实到现在还没动笔写推荐信呢！"我不禁感慨，原来所谓的大家都如此悠然。

外尔教授之所以给我寄邀请函，想必是因为对我那篇调和张量场的论文产生了兴趣。如果我没写这篇发表无门的论文，或者即使我写了，但如果没有角谷托人帮我投稿到《数学年鉴》，我可能没机会去美国，应该会一辈子都在日本自由自在地生活吧。

人的命运，似乎总是会被偶然之事改变。

赴美手续很麻烦。当时日本被美军占领，签发护照的不是日本政府，而是麦克阿瑟司令部。那时候也没有旅行社，只能自己多跑几趟位于横滨的美国领事馆办理手续。申请签证时需要在筑地的圣路加医院体检，生病的人会被拒签。

体检非常严格，需要拍胸片，还得检查肚子里是否有蛔虫，当时我喝了药效很强的蛔虫药。说起来有些恶心，在我回家的路上，蛔虫受不了药从肛门爬了出来，顺着我的裤管掉在了地上。我感到腿上一丝冰凉，一看原来是长约 30 厘米的大蛔虫。

1949 年 8 月 9 日，我乘坐“威尔逊总统号”客轮从横滨出发前往美国，同行的还有朝永振一郎老师，他是受奥本海默（Oppenheimer）的邀请前往普林斯顿高等研究院。我们住的是三等舱，房间是六人间，床是上下铺。

我们路过夏威夷时，遇到了船员罢工事件，原计划只在当地停留一天，结果却延长至三天。夏威夷大学的年轻物理学家岛本前来拜访朝永老师，他热情地招待了我们。在这三天里，我们乘坐小汽车在夏威夷观光，岛本还请我们吃了日料和中餐。他告诉我们夏威夷没有小偷，所以外出时家里不需要上锁，这也太厉害了。

朝永振一郎（右）和作者（左）（于芝加哥机场）

在夏威夷大学，我们走进了某位物理助理教授的办公室，发现基本粒子的专业期刊《物理评论》被杂乱无章地堆放在纸箱里。岛本对朝永老师说：“这位老师完全不读《物理评论》，您有什么想要的话，可以直接拿走。”朝永老师一边应着“我来找找看”，一边从纸箱中挑了三四本带走了。

我们花了两个星期到达旧金山，接着从旧金山坐飞机到了芝加哥，在芝加哥大学见到了大数学家安德烈·韦伊（André Weil）。沾了朝永老师的光，我还见到了著名的物理学家费米（Fermi），他请我们吃了午餐。

我们再从芝加哥坐火车到了纽约，普林斯顿距离纽约大概需要 1 个小时的车程。我们差不多在纽约待了一个星期，9 月 9 日，在从日本出发刚好一个月后，我们乘坐高等研究院派来的专车到达普林斯顿。很快，我们见到了外尔教授和所长奥本海默。

外尔教授堪称是 20 世纪最后一位研究领域宽广的大数学家。他不仅从事数学研究，还涉足物理学乃至哲学。爱因斯坦发表广义相对论后没多久，他就撰写了《空间、时间、物质》探索统一场论；量子力学一问世，他又立马撰写《群论与量子力学》。他一生学术成果颇丰，一共发表了 160 多篇论文，出版了 16 本专著。

外尔教授（左）、艾克曼教授（右）和作者（中）

（几年后在苏黎世的外尔教授家）

第一次见到外尔教授本人时，他身材高大，长着一张圆脸，是位体态文雅的绅士，同时看起来又像是性格亲切的大叔，总是笑脸迎人。外尔教授见我英语这么差，大吃了一惊，他盯着我的脸说："等第二学期英语变好一些，你来开个讨论班吧。"

当时的高等研究院有五名数学教授，分别是外尔、维布伦、莫尔斯、西格尔和诺伊曼。还有四名研究员，分别是哥德尔、亚历山大、蒙哥马利和塞尔伯格。此外，还有四十名像我这样签约一年的短期研究员。确实如听说的那样，短期研究员不用履行什么义务，甚至不用去研究院，唯一的条件是必须住在普林斯顿。

那时的普林斯顿是一座仅有 1 万人口的大学城，普林斯顿大学坐落于主干道的一侧，另一侧的餐厅、杂货店鳞次栉比。研究院为朝永老师和我准备的宿舍位于郊外，是一栋三层的小木楼。研究院在距离市中心 2 千米之外的森林里，是一栋“コ”字形的建筑，中间的主楼有四层，两侧的副楼有两层。分配给我的办公室位于其中一栋副楼的二楼，视野开阔。普林斯顿虽然寒暑变化剧烈，但天冷时室温会自动调整至 22 度，环境非常舒适，这在当时的日本简直无法想象。

高等研究院

我每天上午差不多 10 点去研究院，从宿舍可以坐公交到研究院，不过走路也只要 25 分钟左右。到了以后在办公室看书或写论文，12 点便去位于 4 楼的餐厅用餐。外尔教授也会到食堂用餐，跟我们这些年轻研究员一起吃午饭。我听不懂英语，但他很爱讲笑话，逗得大家笑成一团，只有我一个人愣在一旁。从欧洲来的人觉得写比说更难，他们无法理解我能用英语写论文，却无法用英语交流。

甚至有人问我："你的英语论文，真是自己写的吗?"这让我无言以对。外尔教授好像觉得我不会说英语这件事很有趣，就说："明年要请你在讨论班上讲英语，哈哈哈。"

不过就算不懂英语，办事也没有什么困难。秘书伊格尔哈特女士会帮我做所有事，比如代办银行手续、给信件打字等。她出生在日本的轻井泽，还在我太太曾经上过的香兰女校教过音乐，我太太还上过她的课。没想到世界竟然这么小。

普林斯顿高等研究院

高等研究院从5月上旬到9月下旬放暑假，从9月底开始陆续开课或开讨论班。我去听了西格尔教授讲授三体问题的课程，一周3次，每次1小时。他英语讲得很慢，而且再复杂的公式，他都不用看笔记，仿佛全部都刻在脑中。后来在我任职于约翰斯·霍普金斯大学期间，有一次西格尔教授来学校举办谈话会，结束后大家一起去吃了中餐。在饭桌上闲谈时，西格尔教授不经意地说："我从上午 9 点开始学习数学，经常由于太过专注，直到半夜 12 点都忘记吃饭，只好在半夜把一天的份全吃了，搞得胃老是不舒服。"这绝对不是我能达到的境界，非常人能及。

同年 10 月初，普林斯顿大学的斯宾塞教授托人传话说想见我。他一见我，就说想组织一个讨论班讨论我写的那篇调和张量场论文。我以不会说英语为由拒绝了，但他反驳说："你刚说的这句话不就是英语吗?"于是，在 10 月中旬举行了第一次讨论班。既然是讨论班，我本以为是别人来讲我的论文，结果是我自己来讲解论文内容，这跟上课没什么区别。当时我做梦都想不到，这个讨论班开启了今后十多年我和斯宾塞合作研究的序幕。

到了 11 月，我们从新闻上得知汤川秀树老师获得了诺贝尔奖，于是我和朝永振一郎老师一起赶去纽约，上门向他道贺。回去路上碰到了《每日新闻》的记者，他希望汤川、朝永两位老师和我共同举办一次座谈会。不过朝永老师完全不为所动，最终大家没有达成共识。朝永老师打心底里讨厌出现在报纸上。

第二天晚上，在普林斯顿的餐厅里举办了汤川老师获得诺贝尔奖庆祝会，我和朝永老师二人也举杯祝酒。朝永老师喝醉后变得很健谈，他说了很多以前的故事，比如第二次世界大战前自己曾经在德国留学，那时经常去看电影打发时间，同一部新闻电影总看两遍，后来才发现自己看过度了。还有海森堡曾经邀请他一起吃晚饭，他嫌麻烦就拒绝了，大家肯定觉得他很奇怪。最后他对我说："要是我获得了诺贝尔奖，一定分你一半。"

11 月中旬，所长奥本海默家定期举办了鸡尾酒会，研究院的研究员悉数到场。到了晚上 7 点左右，我打算回宿舍，于是到处寻找朝永老师，结果发现他躲在一个角落狼吞虎咽地吃着下酒菜。他解释说："回宿舍后再出去吃饭很麻烦，还不如在这里吃点儿再回去。"准备离开时，一位名叫贝特曼的年轻数学家走过来跟我说了一些话，我还以为他说可以开车送我回市内，就邀请朝永老师一起坐他们的车走。结果，我们被带去他家。他还准备好晚餐，开始了第二场聚会。连"要不要来我家吃晚饭"这种简单的英语句子，我竟然都听不懂。

我几乎每晚都跟朝永老师一起去街上的餐厅吃饭。到普林斯顿已经三个月了，在日本时对美国的食物无比憧憬，而此时的我已经吃厌了，变得无比想念日本的食物。一到周末我经常跑去纽约，到不太正宗的日本料理店吃日餐。

1950年的元旦是在纽约过的。新年第一天，我和朝永老师去汤川老师家拜年，他请我们吃了年糕汤，还给我们展示了诺贝尔奖的奖牌和证书。第二天晚上我又和朝永老师一起到一位日本人（不好意思，不记得名字了）家里吃了伊势龙虾等年节菜。在当时的日本根本吃不到这些豪华的日本料理，纽约真不愧是当时的先进之地。

但是，朝永老师因暴饮暴食吃坏了肚子，同时还感冒了，他整个人变得精神不振。之前朝永老师拔掉了所有牙齿，装了假牙，一下子年轻了许多。装上美国产的假牙后，没想到朝永老师的日语变差了，而英语却突飞猛进。假牙的价格竟然高达250美元（当时相当于9万日元），我在东京大学时每个月的工资不到9000日元，可见当时的9万日元可不是一笔小数目。

自从元旦生病以来，朝永老师变得有些胆怯，思乡之情更深，一直跟我说想回日本。他总念叨着“好想把鞋脱了光脚”“好想一直用日语说话”“失去了神通力”，等等。“失去了神通力”的意思是想不出任何新的灵感。我说：“如果没能在回日本前让奥本海默刮目相看会很遗憾。”结果他反驳说：“不吃米饭怎么能想出好点子！”

朝永振一郎老师前一阵子还比较认可美国，曾说："美国唯一的优点只有厕所，不臭。"不过随着夏日将至，朝永老师的抱怨也变得越来越多，"夏天没有庙会""窗户装着纱窗，搞得蚊子都飞不进来，听不到蚊子的嗡嗡声，完全感受不到夏天"，等等。最终他甚至还抱怨说："不臭的厕所算哪门子的厕所！"

暑假

初见外尔教授时，他曾对我说：“等你英语好点儿的时候，你来开个讨论班吧。”他口中的这个讨论班从2月2日正式开始了，时间在每周五的上午9点40分至11点，一直持续到4月。在起初的几次讨论班上，先是外尔教授讲授历史沿革，接着由德拉姆（de Rham）开七八次讨论班，内容是基于现有概念的黎曼流形上的调和微分形式理论。调和微分形式也称作调和张量场。之后的几次讨论班由我来讲授它在复流形上的应用。在最后一次讨论班上，先由德拉姆讲一小时，再由我讲一个半小时。大家在会后一起去市内吃午餐，西格尔教授端起酒杯，提议为我们的讨论班而干杯。

在2月中旬的某个周五，讨论班后难得碰到爱因斯坦开课。不过这消息一旦对外公开，想必会引起轰动。因此，宣传栏上只贴出了“上午11点开始有课”的信息，既没有写明上课内容，也没有提到授课教师的名字。讨论班上，我听到学生在小声议论说：“上午11点开始有爱因斯坦的课，不过要保密。”

课堂上，身穿低领短夹克的爱因斯坦出现在了大家面前，他自言自语地开始在黑板上写公式。刚开始我听不清他嘴里念叨着什么，仔细一听原来他是在用德语读算式中出现的字母“A”“B”“C”……爱因斯坦在课上讲的内容是，只要运用作为广义相对论测量张量的非对称张量，就能得到包括电磁场在内的统一场理论。在当时，基于微分几何的统一场理论已经过时，所以年轻的物理学者们基本不太关注。不过最近好像统一场理论的研究又盛行起来，学术界的“潮流”也经常让人摸不着头脑。

德拉姆（左）和作者

讨论班结束后，高等研究院也迎来了暑假，外尔教授和西格尔教授出发去了欧洲。

朝永老师打算在回日本途中，在爱荷华州的埃姆斯大学城与嵯峨根辽吉老师碰头，然后一起自驾横穿整个美国，最后到达旧金山。于是，我也与他同行。我们在 6 月 27 日上午从埃姆斯出发，中途参观了大峡谷国家公园等景点，于 7 月 9 日到达了旧金山。朝永老师和嵯峨根老师对游览不太感兴趣，到大峡谷后，他们把车往景色看起来不错的地方一停，然后派我先去“侦查”一番。等我看完觉得“不错”，他们才慢悠悠下车参观。

韦伊教授

我在旧金山碰到了从日本来的岩泽健吉，他从 9 月起要在高等研究院做研究，我们一起去了芝加哥。到了之后，我们第一时间去见了韦伊老师，他为岩泽和我在芝加哥大学的数学系安排了一间办公室，我们在这里学习到 8 月下旬，住在学生宿舍“International House”。

韦伊的家人都回法国了，只留他一人住在国际宿舍，所以我们每天能碰面好几次。我们几乎每天都一起吃午饭，吃饭时他总会给我出题。韦伊老师天资聪颖，他出的这些问题让我伤透了脑筋，而且他自己以前基本都思考过，结果弄得我束手无策。不过我在这里学到的东西是在普林斯顿时的三倍多。岩泽也遭到了问题攻击，他说如此用功学习还是出生以来头一回。

韦伊老师喜欢散步，经常邀请岩泽和我一起去散步。他走路快得惊人，还身怀特技，能迅速穿过川流不息的车流横穿公路。率先走到马路对面的韦伊老师见我们慌张地徘徊在车流中，便独自偷笑起来。他不走个几千米会全身不舒服，但他喜欢一边走一边跟我们探讨数学，所以这散步一点儿也不轻松。

8 月底至 9 月初，国际数学家大会在哈佛大学召开，共有 1700 多位数学家参会。末纲老师、弥永老师和吉田耕作老师也从日本赶来。在这次大会上，法国的施瓦茨（L. Schwartz）和来自普林斯顿高等研究院的塞尔伯格（A. Selberg）分别获得菲尔兹奖。

国际数学家大会闭幕后，多变量函数论会议于 9 月 7 日召开，代数几何会议则在 8 日召开。我原本计划在 7 日的会议上谈谈自己的见解，不过代数几何方面的权威扎里斯基（O. Zariski）教授希望我能在 8 日的会议上讲相同的内容，于是我讲了两遍。代数几何会议的参加人员以意大利人居多，他们都在讲法语或意大利语，我根本听不懂。

约翰斯·霍普金斯大学的周炜良教授邀请我从 9 月开始去他们学校担任一年的客座副教授，但我在半年前已经答应外尔教授续聘一年，所以只能拒绝他。没想到周教授特别热心，还专门给回瑞士的外尔教授写信，和他商量此事，最终我决定去约翰斯·霍普金斯大学。

家人团聚

在 1950 年 10 月初，约翰斯·霍普金斯大学搬迁至巴尔的摩。虽然校园不大，但巴尔的摩是座大城市。我对用英语授课没太大把握，不过站上讲台后好像也没什么问题，就是听不懂学生的提问。

我于 1951 年 6 月中旬重新回到普林斯顿高等研究院。6 月底，我太太和两个女儿从日本来了美国。我的小女儿刚 1 岁，是在我来普林斯顿之后出生的。

研究院旁边的大草坪上坐落着一些房屋，这是为携眷来美的短期研究员准备的宿舍。我们一家人住在其中一间。这些房子原本是矿工们使用过的简易住房，废弃后被搬到这里，被大家叫作“猴子屋”（monkey house）。一楼是客厅和厨房，二楼是两间卧室，在一楼的正中央有一个很大的煤油取暖炉。

我的家人刚刚摆脱了东京废墟中的临时木板房，来到普林斯顿，她们感觉仿佛来到了天堂一般，欣喜若狂。我太太还买到了大块牛肉，无比激动。宿舍的草坪被广袤的森林所包围，可以采野草莓。有时候在森林里能看到鹿，孩子们非常开心。

于“猴子屋”前

诺依曼的第一代计算机

我很快去买了一架二手钢琴，只花了60美元！因为这架钢琴低半音并且无法调音。我太太通过西尔斯百货的邮购买了一把10美元的小提琴。住在我们隔壁屋的气象学家菲利普会吹奏圆号，住在另一栋屋的数学家雷普森会演奏巴松，亚历山大会吹奏长笛，所以他们多次聚在我家，一起演奏室内乐。

我已经忘了当时弹了什么曲目，但还记得由于钢琴低半音，弹起来特别费劲。在演奏勃拉姆斯的钢琴、小提琴、圆号三重奏时，圆号还特地降低半音来配合我。演奏贝多芬的《圆号奏鸣曲》时，我又故意升高半音。演奏巴赫的《D 小调双小提琴协奏曲》时，第一小提琴由我太太负责，第二小提琴则由菲利普吹奏圆号来代替。菲利普的圆号吹奏水平不同凡响。我们特别享受演奏音乐，但住在我们隔壁的数学家肯迪森想必非常糟心吧!

高等研究院的后院有一栋专供冯·诺依曼研究第一代计算机的研究室。菲利普在这里从事基于计算机的天气预报研究，他曾经带我去研究室参观过。(记得是)一台用 14 000 个真空管制造而成的计算机(前一页的照片，左边是菲利普)占了宽敞研究室一半的空间。在当时，制造如此大型的计算机并且让它正常运转是一项大工程，但它的性能当然远不及现在的便携式计算机。去研究室参观大概是在 35 年前，我感慨计算机的飞速发展，同时也佩服诺依曼的卓见。

当时的高等研究院分为数学学院(School of Mathematics)和历史学院(School of History)，我与历史学院的教授们基本无交集，唯一一次打交道是我被邀请参加了历史学院的教授聚会。主宾是维宁夫人，她曾在战后在日本生活过，担任日本皇太子的家庭教师。因为我和太太是日本人，所以被邀请来作陪。出席聚会的净是文科教授，聊着聊着就聊到了《源氏物语》。大家都读过《源氏物语》的英译版或德译版，愉快地谈论着书中桐壶的故事或者夕颜的故事。对文科教授们而言，《源氏物语》好像是常识，似乎只有我们夫妻二人没有读过。

在高等研究院待了一年后，在斯宾塞的介绍下，我于 1952 年 9 月调到了普林斯顿大学。普林斯顿大学的数学系主任是著名的莱夫谢茨教授。我太太在聚会上第一次见到莱夫谢茨教授时，他打量了我们半天，对我夫人说道："你比你先生高。"这是第一次见面时他说的第一句话。高等研究院来了一位德国的年轻数学家，名叫希策布鲁赫（Hirzebruch）。

当时担任日本学习院院长的安倍能成来到普林斯顿，他想与爱因斯坦见面，谈谈世界和平的问题。我心里想着肯定会被拒绝，不过还是通过高等研究院的秘书诚惶诚恐地向爱因斯坦发出邀请，没想到结果特别顺利。于是我带着安倍能成和一位日本人翻译去拜访了爱因斯坦，一起听了他们的谈话。我已经不记得爱因斯坦说了些什么，但是印象中他提到自己对世界和平抱有非常悲观的态度。

偶遇爱因斯坦

后来我才知道，爱因斯坦为人特别随和。有一次，我和我太太带着女儿站在研究院正门左侧的入口前，碰巧路过的爱因斯坦特地拐到我们面前，跟我的女儿们握了手。

而且，不管谁跟他提出合影的请求，他都有求必应。上面的照片是物理学家南部阳一郎拍摄的爱因斯坦，小林稔在拍摄时因过度紧张而导致操作失败，最终没能成功拍到照片。

在斯宾塞的指导下，我开设了关于“层”（sheaf）的讨论班。一个年轻的学生在讨论班里讲了嘉当（H. Cartan）的讨论班上的笔记，这个学生的爱好与众不同，喜欢买破破烂烂的二手车回来自己动手修理，有时候还会因为来不及修车而迟到。我对“层”的第一印象是觉得它既抽象又奇怪，直到 1953 年的春天，我才发觉“层”非常好用。

我几乎每天都和斯宾塞一起吃午餐，跟他讨论数学。有一天我们吃午餐时，我们发现用“层”可以极其简单地证明塞韦里（Severi）猜想，即两种算术亏格 *Pa* 与 *pa* 相等。这是 1949 年塞韦里给意大利学派做代数几何讲座时提出的猜想，当时他强调了证明的难度很大，将其比喻成如远方的星星般遥不可及。于是我和斯宾塞共同发表了一篇论文，题为《关于代数流形的算术亏格》。

因此，我终于明白“层”有助于代数几何和复流形的研究。斯宾塞和我将“层”应用于各类问题，并合作撰写了多篇论文。

黎曼 - 罗赫定理是外尔的《黎曼曲面》中最重要的定理，将其扩张至高维是当时复流形理论的核心问题。在这一年深秋，希策布鲁赫成功解决了这个问题，于是，复流形的一般理论也告一段落了。

菲尔兹奖

从 1897 年起，数学界每四年会召开一次国际数学家大会。第一届国际数学家大会在瑞士的苏黎世召开，第二届于 1900 年在法国巴黎举行。在第二届大会上，希尔伯特发表了著名的演说，题为“数学问题”。他罗列了 23 个典型的数学问题，为 20 世纪的数学研究指明了方向。

1932 年的国际数学家大会在苏黎世举行，这届大会设立了一个国际性数学奖项——菲尔兹奖。自那以后，在每一届国际数学家大会上，菲尔兹奖会颁发给有卓越贡献的年轻数学家，以资鼓励。

1936 年，在奥斯陆举行的大会上，阿尔福斯（L. V. Ahlfors）和道格拉斯（J. Douglas）荣获了第一届菲尔兹奖。前文提到的施瓦茨和塞尔伯格荣获第二届菲尔兹奖。

1954 年的国际数学家大会于 9 月初在荷兰的阿姆斯特丹举行。我本来想偷懒不参加，结果外尔教授让斯宾塞告诉我，我是这届菲尔兹奖的获奖人之一。外尔教授担任了本届菲尔兹奖评审委员会的主席。

其实，菲尔兹奖在颁奖仪式前不会预先公布获奖名单。那一年菲尔兹奖的另一位获奖人是塞尔（J-P. Serre），我不记得是在什么时候得知的。

为了参加从9月2日开始的国际数学家大会，我和太太在8月中旬从纽约出发，打算顺便先去欧洲游玩。我们先到了意大利，去了罗马、那不勒斯、卡普里岛和庞贝古城。在当时的罗马街头很少看到小汽车，宽敞的大街上满是摩托车。我们住的酒店在卡普里岛的悬崖上，坐在酒店阳台俯瞰着碧蓝的大海享受早餐，简直心旷神怡。

之后我们又到了瑞士，去洛桑拜访了德拉姆。我们漫步在日内瓦湖，参观锡雍古堡。德拉姆说往年能看到阿尔卑斯山，不过今年多云天气较多，不太能看到，他坚信是核试验影响了天气。德拉姆还是一名登山专家，我在他家看到了登山方面的杂志，德拉姆还是编辑之一。晚上他请我们去餐厅吃了晚餐。我们在苏黎世拜访了外尔教授，在他家吃了午餐。我们当时见到了外尔教授的太太和女儿，他女儿在美国的耶鲁大学学习音乐。

菲尔兹奖颁奖会场。作者坐在第一排（前排左三）

从外尔教授手上接过奖牌的作者

颁奖仪式上的塞尔、作者和外尔教授

外尔教授在介绍作者和塞尔的贡献

到阿姆斯特丹的那天，我们在去会场的路上迷路了。于是我太太向附近的一家蔬果店问路，店里的年轻人用英语给我们指了路。在普林斯顿买的旅游指南上写着，去阿姆斯特丹不用担心，在那里连狗都能听懂英语，果然如此。在会场见到了大会秘书长科克斯马（J. F. Koksma）教授，他向我介绍了大会的许多情况。

菲尔兹奖的颁奖仪式是国际数学家大会开幕式的例行活动。在场的数学家有 1500 名左右，弥永老师、吉田耕作老师等多位日本数学家也悉数出席。进入会场后，我按信上指示坐在了最前排。结果工作人员以为我这个小个子东亚人找错了位置，误坐在了第一排，他走到我身边小声说："先生，这排是贵宾席，麻烦您挪到后面的位子。"于是我把信递给他看，他看了后走开了。

大会主席斯豪滕教授致完开幕词后，夏皮罗女士演奏了钢琴曲，曲目有肖邦的《即兴曲》《夜曲》和《谐谑曲》。接着进入颁奖仪式的环节。本届菲尔兹奖评审委员会主席外尔教授分别为塞尔和我颁发了金牌和 1500 美元的奖金，然后他用了一个多小时详细介绍了我们获奖人的贡献。之后再一次响起钢琴演奏声，最后由国际数学联合会秘书长发表简短的讲话。至此，开幕式圆满结束。

国际数学家大会

开幕式结束后，计算机的鼻祖冯·诺依曼从下午 3 点开始发表演讲“未解决的数学问题”。我期待着他的演讲能成为第二个“希尔伯特的‘数学问题’”，结果他只陈述了几个与希尔伯特空间相关的问题，在场听众都大失所望。希尔伯特空间只不过是数学的其中一个小领域，大家怎么也想不通诺依曼这样的大人物为何会讲如此无聊的内容。

我本来很担心获奖人会被要求发表讲话，幸好没有。也许是因为获奖名单需要保密，所以没办法在议程中增设获奖感言环节。根据议程安排，我在第三天的下午 12 点半到下午 1 点发表了题为“有关代数几何超越理论中的几个结果”的演讲。塞尔在第二天的下午 4 点 40 分到下午 5 点 10 分发表了题为“上同调与代数几何”的演讲。

塞韦里和他的侄女

意大利代数几何的权威塞韦里带着他的侄女来参会。塞韦里之前曾以意大利文化大使的身份到访日本，曾经在东京大学的阶梯教室连续开了数场讲座。那时我还是一名数学系的学生，也去听过他的讲座，不过内容已经不记得了，倒是当时坐在我前排的中川老师那完美的秃头至今令我印象深刻。因为我听过塞韦里的讲座，所以他声称“小平是我的学生”，这让我还挺惊讶的。

菲尔兹奖颁奖仪式后，与荷兰女王（前排右二）合影。前排右一是作者

9月8日，外尔、塞韦里、霍奇（Hodge）、诺依曼等十多位数学大家和我们两位获奖者受邀参加荷兰女王的茶话会，地点是在阿姆斯特丹郊外的离宫花园。在铺着漂亮石子的花园一角摆放着椅子和桌子，塞尔不经意间抽起烟来，他愣了一会儿来问我："这烟蒂该怎么处理好呢?"于是我建议他："藏在小石子下面吧。"他笑着回道："就像猫那样?"

我脑海中想象的女王形象是《罗马假日》中奥黛丽·赫本

饰演的女王，结果去了发现现实中的女王是一位普通的中年女性。女王问塞尔：“你平时都在做什么？”塞尔回答：“在教书。”接着女王又问了我相同的问题，我回答说：“我也在教书。”听了我俩的回答，女王似乎觉得很无聊。茶话会后，我们围着女王拍了合影。

大会期间召开了几场代数几何研讨会。塞格雷（Segre）在其中一场研讨会上说：“今天在这里讨论的问题远比诺依曼提到的那些问题重要。”他的发言赢得全场喝彩。

3 日晚上，阿姆斯特丹的皇家音乐厅举办了一场音乐会，音响效果好得让人感动。当晚演奏的曲目有巴赫的《第二组曲》、莫扎特的《F 大调钢琴协奏曲》以及德彪西的《大海》等。音乐会结束后，我在大厅碰到了外尔教授，他觉得钢琴的演奏曲风稍过华丽。

最后一天晚餐会上的演讲连绵不绝，一直持续到了半夜 12 点。奇怪的是，苏联的亚历山德罗夫先用俄语发表了演讲，接着又用德语重新讲了一遍。我猜测苏联是个严格的国家，如果他只用德语演讲可能会遭受批评吧。

从左到右分别是弥永昌吉老师、作者夫人、作者

国际大会后，我们跟着弥永老师去了巴黎。弥永老师特别开心，仿佛回到了自己的家乡。他的朋友谢瓦莱带我们参观了巴黎，还请我们去餐厅吃了午餐。我想挑战一下罕见的菜肴，就点了一道牛脑，不过味道像是拌了油的豆腐，谈不上好吃。

在巴黎待了三天，接着我们又去了伦敦。酒店的餐具非常漂亮，但菜却特别难吃。第二天，我们坐电车去了剑桥。霍奇老师带我们逛了剑桥大学，他介绍说牛顿曾经在这里做过实验。我边听边感慨着，剑桥大学果然历史悠久。在学校的俱乐部我们见到了霍奇老师的女儿，她长得很像她的父母，还请我们喝了茶。俱乐部对面是达尔文的家。

霍奇夫人一直问我太太："数学家很古怪吧（Aren't mathematicians Odd）?"如果身为英国绅士的霍奇老师看起来很古怪的话，那我在别人眼里得是什么样的人啊！

9 月中旬，我们终于回到了普林斯顿。到达纽约机场，坐上前往市区的大巴时，不知为何感觉特别安心。

和霍奇教授（左）合影（在剑桥大学）

1955年4月17日（星期日）半夜，爱因斯坦在普林斯顿医院病逝。如果在日本的话，研究院肯定会举办隆重的追悼会，不过在这里并没有安排任何活动。在研究院里，爱因斯坦离世的消息只出现在大家茶余饭后的聊天中。“听说上个星期天爱因斯坦过世了。”“是吗?”

据最近出版的爱因斯坦传记（A. Pais, *Subtle is the Lord*：*The Science and the Life of Albert Einstein*, Oxford Univ. Press, 1982, 西岛和彦校译《一个时代的神话：爱因斯坦的一生》，产业图书）记载，爱因斯坦于1955年4月18日凌晨1点15分去世，死因是动脉瘤破裂。他的遗体当天下午被运往殡仪馆，当时有十二位与爱因斯坦深交的朋友到场，其中一人朗诵了一段歌德的诗歌。遗体随后被火化，骨灰被撒在了某处，不过不知道具体地点在哪儿。

“发现”的心理

1955 年 9 月，我就任普林斯顿大学的教授。虽说是教授，不过不是名副其实的教授，而是拥有教授职务的委托研究员。同时，我还兼任高等研究院的研究员，和研究院签了 5 年合同。秋季学期在大学授课，一周 3 小时。春季学期在研究院从事研究工作，但不用履行任何义务。在大学承担的课程主要面向高年级的研究生，所以上课内容由自己来定。我一般都是讲授自己目前正在研究的课题。

1951 年，我从东京大学物理系的助理教授升任数学系的教授，不过在同年 4 月我提交了辞呈，辞去了教授职务。

这段时期，我开始研究椭圆曲面。运用复流形的一般理论来详细研究椭圆曲面的构造，这个过程让我感到愉悦。古典椭圆函数论运用起来也得心应手，所以研究工作也没遇到任何阻碍，进展十分顺利。我当时的感受可以比喻成夏目漱石在《梦十夜》中描写运庆雕刻仁王的场景，下面引用一段文中的描写。

运庆在仁王的粗眉上端一寸处横向凿刻，手中的凿刀忽而竖立，转而自上而下凿去。凿刀被敲入坚硬的木头中，厚厚的木屑应声飞落，再仔细一看，仁王怒意盈盈的鼻翼轮廓已清晰呈现。运庆的运刀方式无拘无束，雕琢过程中丝毫没有任何迟疑。

“他的手法真如行云流水，凿刀所到之处，居然都自然地雕琢出了内心所想的眉毛、鼻子样子。”我感慨至极，不禁自言自语道。

结果，方才那位年轻男子回应道：

“什么呀，那可不是凿刻出的眉毛、鼻子，而是眉毛、鼻子本来就埋藏在木头中，他只是用锤子、凿子将其呈现出来。就像从泥土中挖出石头一样，当然不会出现偏差。”

在我看来，我的椭圆曲面理论并非是我想出来的，它原本就埋藏在称为“数学”的木头里，我只不过借助纸和笔的力量将它挖掘出来而已。

我曾经在《推荐数学》（筑摩书房，1965 年）一书中提到过这种“发现”的感受。后来，我在昭和六十一年（1986 年）正月的《日本经济报》上读到福井谦一也有过相同的感受，我意识到

“发现”的心理不分学科领域。

自 1956 年的秋天起，我和斯宾塞开始合作研究复结构的形变理论。我们先研究了复流形的常见例子，归纳出关于模数的法则，接着将这个法则视为工作假说，通过研究更多具体实例展开形变理论。这个研究过程实在妙不可言。我每天与斯宾塞碰面，一起去市内的餐厅吃午餐，然后再返回学校讨论形变理论。研究具体实例相当于开展物理实验，形变理论的开端其实是实验科学。

斯宾塞教授，1959 年

D. C. 斯宾塞是美国人，他于 1912 年出生在科罗拉多州的博尔德，常年在落基山脉登山练就了他健硕的体魄。斯宾塞身材高大，体重超过 100 公斤。他从麻省理工学院毕业后去了英国留学，在剑桥大学研究李特尔伍德的丢番图逼近并取得博士学位。在普林斯顿任职前，他曾在斯坦福大学研究函数论。调到普林斯顿任职后，他转向研究复流形，很快成了这个领域的专家。

据他说，他来普林斯顿以后才第一次接触到调和张量场，并认识到其中的重要性，于是仿佛回到学生时代般拼命学习。斯宾塞总是有先见之明，也是他让我开设关于“层”的讨论班。而且，斯宾塞满怀善意和热情，他的这种热情会“感染”周围的人，大家很自然地组成热情的研究团队。在 20 世纪 50 年代的普林斯顿，复流形理论极速发展，其发展的动力也源自斯宾塞的热情。

音乐三昧

1956 年夏天，我们贷款买了房子。这是一栋砖瓦结构房屋，建筑面积约 260 平方米，占地面积约 660 平方米，当时的价格仅为 18 000 美元。

我大女儿的钢琴老师麦克莱恩女士曾在某基督教音乐学校担任教师，她当时 80 多岁，性格开朗，曾因喝醉酒被学校炒了鱿鱼。麦克莱恩女士音乐品位极高，和著名的钢琴家卡扎德絮一家走得很近，还教过卡扎德絮的女儿弹钢琴。在她的介绍下，我们从一位有钱的老爷爷手中购买了一架施坦威的中型三角钢琴，仅用了 800 美元。

麦克莱恩女士常来我们家做客，和我一起“四手联弹”，还记得我们在认谱时会适当简化难弹的部分。有一次我们去她的工作室参观，我和麦克莱恩女士合奏了米约的双钢琴组曲，名叫《胆小鬼》。我不可能在认谱时就能弹奏《胆小鬼》，不过神奇的是，和她一起弹奏时自然就会了（适当简化的版本）。麦克莱恩女士身上凝聚着一股神奇的力量，总能促使周围的人进步。

和家人享受音乐

小女儿的小提琴老师科瓦奇也常来我们家做客。我曾经录制了科瓦奇和麦克莱恩女士合奏的贝多芬小提琴奏鸣曲。在现场听的时候总感觉麦克莱恩女士漏掉了许多音，不过回头再听磁带时发现她弹得非常出色。她完美地抓住了这首曲子的精髓，果然厉害。

普林斯顿市内有一个管弦乐团，名叫普林斯顿交响乐团。科瓦奇是乐团的小提琴首席，指挥是一个名叫哈夏尼的匈牙利人，成员是居住在普林斯顿的人们，他们来自各个行业，比如高等研究院的惠特尼教授、文具店老板等，我太太也忝列第二小提琴。文具店老板志在成为一名小提琴手，但是只靠拉小提琴无法糊口，所以开了家文具店谋生，不过他真的是小提琴的行家。

交响乐团每年会举办几场对外售票的演奏会，每到这个时候就会邀请几名纽约爱乐乐团的成员前来助阵，所以整个演奏会听起来还不错。节目单经过精心挑选，都是业余成员能够胜任的曲目。他们基本不演奏类似勃拉姆斯的交响曲这样的钢琴大曲，因为硬着头皮去演奏钢琴大曲只会让观众感到无趣，这个想法与日本的业余管弦乐团完全不同。其中，理查德·施特劳斯的《玫瑰骑士》圆舞曲给我留下了最深刻的印象，演奏极其精彩，听起来完全不输于一流的交响乐团。也许得益于指挥哈夏尼的匈牙利人的音乐细胞，整场演奏润物细无声，令人佩服。

《玫瑰骑士》最后几小节的快速乐段对我太太这样的外行来说很难胜任，彩排的时候，哈夏尼指挥座位靠后的几位第二小提琴说：“请你们摆出拉小提琴的姿势，但不要发出声音。”原来如此，听众们不会特意盯着小提琴部门的后方，所以这个安排很恰当。不过，打从我太太口中得知这件事以后，我便一个劲儿地盯着后方看，连我都能看出他们没拉出声。

普林斯顿大学有一个音乐学院，教授学生乐理知识和作曲，还发行了一本乐理杂志，叫作《新音乐视野》(*Perspectives of New Music*)。我去听过一次音乐学院学生的作曲作品演奏会，表演者是一支人数很少的室内管弦乐队。整个作品是奇妙的现代音乐，没发出声音的时间远远长于发出声音的时间，听得我一头雾水。我认识这支室内管弦乐队的其中一位队员，他是日本人，负责小提琴演奏。于是我在中场休息时向他请教，结果他却回答说:“我也不明白。”连演奏者都不理解的音乐，听众又怎能理解呢？数学系的福克斯教授钢琴造诣很高，达到了专家水准。福克斯教授当时坐在我旁边，所以我便向他请教:“这音乐到底在表达什么?”他解释道:“这表现了禅宗，我们得去倾听无音之音。”

普林斯顿虽然只是一座仅有1万多人口的大学城，但市内建有小剧院，经常举办音乐会。我听过塞尔金、斯特恩、塞戈维亚和蜜拉·海丝的独奏会，布达佩斯和茱莉亚的弦乐四重奏，以及费城交响乐团的管弦乐。演出门票很容易买到，所以我一般坐在从前面数第三排或第四排的位子。

斯特恩在演奏巴赫的《恰空舞曲》时，我远远看到琴弓断了三根弓毛，悬挂在琴弓上。表演结束后，他朝观众席鞠躬，还能听见他嘴里小声地说着“谢谢”。费城交响乐团在演奏拉威尔的《波莱罗舞曲》时，第三排的音量太大，反而听不清楚。

文化勋章

1957年的春天，高木贞治老师来信说："我希望你能获得学士院奖，所以请将论文复印件邮寄给我。"不过他一直没通知我参加颁奖仪式的具体日期。后来我才知道，通知书被寄到了东京的家里，由我母亲代收了，而且她还代替我出席了颁奖仪式。

同年秋天，我从报社得知自己获得了文化勋章，不过这次同样没收到让我参加授勋仪式的通知。也是后来才知道，正式通知书被寄到了东京的家里。我父母喜出望外，在东京家里宴请亲友为此庆祝。我母亲很想代替我参加授勋仪式，不过文化勋章不能由他人代领，最后宫内厅派人将勋章送到了我家中。

有一天，我们一伙人在谈话会结束后，一同去普林斯顿郊外的一家餐厅吃晚餐。长桌边围坐了20多位数学家，斯宾塞坐在我旁边，我们讨论起数学问题。结果坐在我们对面的普林斯顿大学老教授之一的费勒嘲讽地说："这两人很少见面，所以一见面就谈论数学。"斯宾塞听到后大吃一惊，说道："没想到我们竟然如此受人关注！"坐在左侧桌尾的高等研究院的博雷尔教授解释道：

"这是嫉妒呀，他怕你们又谈出一篇新论文！"我感到很震惊，这才意识到我们成了老教授们嫉妒的对象。

在美国的大学，系主任权力很大，甚至有权评定教师的月薪。此时莱夫谢茨教授已辞去系主任职务，塔克教授接任了普林斯顿大学数学系主任一职。

扎里斯基教授和他女儿

当时，布兰迪斯大学的松阪辉久教授在高等研究院做研究员，我去他公寓做客时聊起了薪资。他听完后对我说：“小平老师，你每个月才拿这点儿工资吗？普林斯顿大学也太过分了。”我这才知道，自从莱夫谢茨教授辞去系主任职务后，普林斯顿的老教授们似乎都不待见我。

在扎里斯基教授的邀请下，我从1961年的秋天去哈佛大学任教一年。哈佛大学坐落于波士顿附近一座叫作剑桥的小城市。我和妻儿于1961年9月搬到了剑桥。

搬到剑桥的第二天，我和太太一起去附近的超市购物。当时碰见了一位光头男士，他穿着短裤，露出长满汗毛的小腿，看起来像一位比叡山的凶猛和尚（荒法师）。这位男士就是著名的数学家格罗滕迪克（Grothendieck）。

新学期开始了。我去听了格罗滕迪克的课，但完全不知所云。于是我百无聊赖地在笔记本上涂鸦，坐在旁边的博特瞄了我一眼，说了句“反正也就这么回事”。

扎里斯基教授家里隔周都会举行男士们的聚会，广中平佑、格罗滕迪克、泰特、芒福德、M. 阿廷和我是聚会的常客。大家边喝酒边谈数学，从晚上9点持续到12点多。我们几乎不聊数学之外的话题。

在巴尔的摩时居住的砖瓦结构房屋

同年寒假，广中平佑攻克了多年未决的代数流形的奇点解消问题。

到了 1962 年，约翰斯·霍普金斯大学的数学系主任周炜良教授以 18 000 美元年薪聘请我去任教。普林斯顿大学数学系内部也在商讨是否要提高薪资挽留我，但最终作罢。我打电话给斯宾塞，同他商量后决定去约翰斯·霍普金斯大学。斯宾塞对普林斯顿大学不挽留我的行为感到非常气愤，于是他提交辞呈，一年后转去了斯坦福大学。

我在夏天回过一次普林斯顿，之后在9月搬到了约翰斯·霍普金斯大学所在的巴尔的摩。在公寓住了一段时间后，我们到处看在售的房子。巴尔的摩是一座富有南方风情的小城，住宅区分为白人区、犹太人区和黑人区。白人区和黑人区之间竟隔着城墙，这让我很是惊讶。我在大学附近的白人区买了一栋砖瓦结构房屋，占地面积约990平方米，建筑面积330平方米，价格是3万美元。美国的住宅价格主要是建筑本身的价格，土地价格基本不计算在内，这与日本的情况刚好相反。我们家附近有栋像城堡一样的房子正在出售，房间多达30间，售价仅为7万美元，却一直无人问津。

女儿们的音乐

从1961年秋天到1962年夏天，我们一直居住在剑桥。大女儿康子跟着朱利叶斯·夏洛夫学钢琴，小女儿麻里子跟着伍鲁菲逊学小提琴。夏洛夫老师的演奏入选了Ampico公司发行的《著名钢琴家的黄金时代》唱片集，里面还收录了列文涅、戈多夫斯基等钢琴家的演奏，所以她应该名气不小。夏洛夫老师非常负责，1个小时的课程会延长至3个小时，不仅教授钢琴，还教授和声学。

夏洛夫老师不遗余力地训练康子掌握dead weight（失重）的技巧。我不会这种演奏技巧，所以也不懂这究竟是什么，好像是弹钢琴时双手完全不用力的技巧。我女儿在弹奏钢琴时，夏洛夫老师会从背后自下而上地拍打她的手腕。被打到时轻抬手腕即可，手腕没有自然抬起说明手腕在用力，这说明动作错了。随着康子的dead weight技巧越来越熟练，她的琴声也变得越发响亮、有穿透力，后来和我四手联弹时甚至完全盖过了我的琴声。

越不用力反而声音越响，从物理角度来看这倒是一个奇怪的现象。但当我看到她的指尖长出豆子般大的茧子时，才明白这种演奏方式需要在某一瞬间用很大的力气。

我女儿练习弹奏拉赫玛尼诺夫的《G 小调前奏曲》的那段时间，有一天上课时，夏洛夫老师坐到另一架钢琴前一起弹了起来。一个人弹奏这首曲子时的音量本就不小，两个人合奏时更是震耳欲聋。琴声响彻云霄，据说钢琴的振动震掉了工作室的一块天花板。虽说房屋本来就老旧，天花板也摇摇欲坠，不过钢琴的弹奏声确实震天撼地。

每次跟夏洛夫老师提到“日本有位名叫克鲁采的钢琴家”时，她总是要纠正我说：“我在柏林就认识克鲁采，他是一名指挥，不是钢琴家。我在弹奏钢琴协奏曲时，乐团总是邀请克鲁采来担任指挥。”我三番两次强调克鲁采在日本是一名钢琴家，不过她丝毫不买账，反驳说道：“不对，他是指挥，不是钢琴家。”

伍鲁菲逊夫妇来我们家吃晚餐时，我播放了列文涅弹奏的由舒尔茨·埃夫勒改编的阿拉伯风格的《蓝色多瑙河》唱片。听完唱片后，伍鲁菲逊老师指着自己的脑袋说：“他是一位非常优秀的钢琴家，不过这儿好像不太灵光。”她还对我说：“如果和列文涅合作弹奏贝多芬的小提琴协奏曲，那可够呛。”意思应该是虽然列文涅钢琴弹得不错，不过他不太聪明，所以跟他合奏贝多芬协奏曲会让人感到了无生趣。虽然伍鲁菲逊老师也在评价技术好坏，但她的见解却非常独到。

波士顿交响乐团每年会在哈佛大学举办 5 场演奏会，专门面向大学的教师及其家人。在校内就能欣赏波士顿交响乐团的演奏，真不愧是哈佛大学。这种演奏会我每场必去。

我在波士顿交响乐团大厅听过格伦·古尔德的钢琴协奏曲演奏，曲目是巴赫的《大键琴协奏曲》和理查德·施特劳斯的《滑稽曲》。钢琴上摆放着水壶和水杯，虽然拆除了谱架，但仍然摆着乐谱。演奏时一旦没轮到钢琴部分，古尔德时而往水杯中倒水喝起来，时而朝着管弦乐团摆出指挥的手势，时而又翻看乐谱，倒是关键的钢琴演奏反而音量很小。巴赫的曲目先暂且不说，就连施特劳斯的《滑稽曲》也由于音量过小而缺失了感染力。也许古尔德在之后的演奏会上不弹奏这些曲目的理由之一是音量太小吧。

伍鲁菲逊老师总说："一定要去听埃尔曼的演奏。"埃尔曼是凭借 Elman Tone（埃尔曼风格）而名声大噪的著名小提琴家。埃尔曼在波士顿举办演奏会时，我们全家出动去听了演奏。著名小提琴家的表演的确让人佩服，那时埃尔曼已是 70 岁高龄。

伍鲁菲逊老师与埃尔曼交情颇深，于是她带着麻里子去后台，并向埃尔曼引荐了麻里子。和埃尔曼握了手的麻里子感动不已，她和我说：“我今晚不洗手了！”

在日本听古典音乐会时，听众大部分是年轻人，会场内总是鸦雀无声，感觉如果一不小心咳嗽会遭人斥责。在课堂上总是吵吵闹闹的大学生们在听音乐会时却能时刻保持安静，简直不可思议。在美国，音乐会的听众以中年女性居多，现场环境非常嘈杂。记得在交响乐团大厅听塞尔金演奏肖邦的《24 首前奏曲》时，上一首刚一结束，她们就开始聊天，下一首开始演奏后才慢慢安静下来，但前奏曲已经弹了一半，所以《24 首前奏曲》的每首都有一半听不清楚。在听鲁宾斯坦的独奏会时，我旁边坐着一位中年女性，她手上戴着的手镯挂着 3 个大金属环，每动一下手就发出响亮的铛铛声，听着很闹心。不过美国的听众们都不以为然，谁都不会抱怨。

我们从 1962 年秋天起在巴尔的摩住了三年，两个女儿有幸成为皮博迪音乐学院的旁听生，康子跟米耶克滋洛 · 孟兹学习钢琴，麻里子跟威廉 · 克罗尔学习小提琴。

克罗尔四重奏乐团。最左边是克罗尔老师

据前几年出版的鲁宾斯坦的自传中记载，孟兹是出生在波兰的钢琴家，他拥有完美的演奏技巧，于 1926 年到纽约后很快就大获成功。后来他因风湿病放弃了职业钢琴家生涯，转而专心培养后辈。孟兹老师经常在康子弹奏钢琴时自下而上拍打她的手腕，以确认她是否掌握了 dead weight 技巧。

克罗尔老师是克罗尔四重奏乐团的创始人，担任乐团的第一小提琴手。在克罗尔老师的课上，麻里子必须熟记包括练习曲在内的所有曲谱。这样的话，老师就会在麻里子弹奏练习曲时演奏双音，为练习曲配上优美的伴奏。不过一旦麻里子没背熟曲谱就去上课，会遭到克罗尔老师训斥："回家去！"这节课5分钟便结束了。克罗尔老师用自己的爱琴斯特拉迪瓦里琴弹奏了各种曲目，他的演奏堪称完美。

克罗尔老师还会作曲，海菲兹演奏的《班卓琴和小提琴》就是他的作品。

在美国，很少有小孩子学习钢琴或小提琴。拜其所赐，我两个女儿只需交很少的学费，就能跟这些大师们学习钢琴和小提琴。在日本，家长看别人家的孩子在学习钢琴，也会争相效仿，所以学弹钢琴的小孩子非常多。结果，不管是谁，只要从音乐学校毕业就能成为老师，他们收着高昂的学费，日子过得相当滋润。这是最近日本社会典型存在的异常现象。

后来我在斯坦福大学任教时，数学系有位学生的本职工作是作曲家兼钢琴家。他说光靠音乐无法生存，所以想成为数学老师谋生。他的作品在卡耐基音乐厅演奏过，想必是一位非常厉害的音乐家。如果他生活在日本，明明可以靠音乐安闲度日了，实在让人同情。

入学考试委员

我自 1962 年 9 月起在约翰斯·霍普金斯大学任教 3 年，承担研究生一年级学生的函数论，每周上 3 个小时，以及高年级研究生的课程，也是每周上 3 个小时。在美国的大学里，1 个小时的课程要实实在在上满 1 个小时，而且除了暑假以外几乎不放假。按一年计算的话，美国大学一门课的学时相当于日本大学的三倍，不过也基本不用开会和处理琐事。

第一学期函数论的考试，学生的成绩糟糕得离谱。所以从第二学期开始，我从每周 3 个小时的课程中挪出 1 个小时改成上专题练习课，让学生多练习解题。过了几个星期，其中一位学生来我办公室抱怨说："老师，您在练习课上出的题目总要费力思考才能解得出来，这不公平。"听他这么说，我简直目瞪口呆。于是我想了想，回答道："你又不是计算机。"没过多久，有一位男士来找我，他向我出示了 FBI 的证件，并问了许多有关那位学生的情况。原来那位学生放弃学习数学，转而申请加入和平队（peace corps）。

只有在讨论评聘副教授等重要的人事问题时，数学系的所有教授才会集中在一起开会。行政工作的话，我被迫担任过几次学位论文评定委员和研究生院的资格考试委员。

我还担任过一次研究生院的入学选拔考试委员。委员只有井草准一和我，选拔考试的材料只有申请书、推荐信等文字材料和证件照。我们俩大概用了 3 个小时通读申请材料，仔细观察照片，从中挑选出十几名拟录取的考生。不过既没有笔试也没有面试，所以感觉很不靠谱。而且这就是最终结果，甚至不用再将材料带到系里与大家重新讨论。

选拔方式如此草率，实际上根本摸不清学生的水平。所以入学两三年后会举行资格考试，考试时间不固定，只要学生提出申请，随时可以举行考试。资格考试采用口试的形式，学生 1 人，考试委员共 5 人，提问涵盖数学的各个方面，考试时间长达 2 ~ 3 小时。考试结束后会让学生到考场外候着，委员们经过讨论决定是否通过。通过的话，会跟学生说“恭喜”。不通过的话，也会直接告知“明天开始你不用来学校了”，也就是当场宣布给予退学处理。

我担任委员的一场资格考试曾经让一位学生退学了。他记忆力超群，口试时不管问什么问题，他甚至能说出在哪本书的哪一页，却答不出具体内容是什么。于是我们不断降低问题难度，最后只好让他证明 n 次方程至多只有 n 个根，没想到就连这么简单的问题，他都答不上来。身为数学专业的研究生，竟然连如此基础的题目都答不出来，这也太不像话了。所有考试委员一致决定给予其退学处理，并向他传达了最终结果。他来办公室跟我告别时，留下了一句“大数学家魏尔斯特拉斯也曾没有通过考试，所以我并不觉得失望”后就离开了。他压根儿就不明白自己根本就没理解数学到底是什么。

学位论文的评定也是口试，学生 1 人，评定委员 5 人，考试结束后会让学生到考场外等候，委员们决定是否通过后再向学生宣布结果。在日本的话，评定结束后要制作评定大纲，然后在理学院全体委员会或教授会上进行说明，最后才正式决定是否通过。在美国，评定事宜被全权委托给了评定委员，不过在日本不可以全权由评定委员做主，所以才经常开会。

在使用政府划拨的研究经费方面，美国也比日本自由得多。在美国，大学老师的年薪是针对教学工作的报酬，所以工资只算上课的 9 个月，剩余不上课的 3 个月工资则另外从研究经费中支出。因此，虽说年薪是 18 000 美元，而实际年收入其实有 24 000 美元。换言之，政府划拨的研究经费可以用作雇用自己的工资。

1964 年 7 月，我参加了在伍兹霍尔（位于波士顿北部）举行的代数几何研究集会。集会持续了 3 个星期，与会的数学家有 50 人左右。在研究经费方面，当时堪称是美国数学界的全盛时期，据说这场研究集会花费了上百万美元。伍兹霍尔是有名的避暑胜地，别墅的月租金高达 600 ~ 1000 美元。因为研究经费充盈，所以大家想着顺便来这里避暑，于是就拖家带口来伍兹霍尔参加研究集会。我在此次集会上介绍了曲面分类理论。

斯宾塞在一年前到斯坦福大学任职。在他的照顾下，我们一家在斯坦福大学度过了整个 8 月，9 月又回到了巴尔的摩。

10 月初，我收到了斯坦福大学数学系吉尔巴格主任的来信，他邀请我从 1965 年的夏天开始到斯坦福任教。约翰斯·霍普金斯大学的周炜良教授一直对我照顾有加，虽然我觉得有愧于他，但是很快就下定决心打算去斯坦福大学，因为我很想去斯宾塞所在的斯坦福大学。

到了 10 月中旬，普林斯顿大学数学系新任主任米尔诺专程来巴尔的摩找我。米尔诺是一名天才数学家，他开启了一个称作

“微分拓扑”的新领域。而且，当时他年仅 34 岁，3 年前他 31 岁时，在斯德哥尔摩举行的国际数学家大会上获得了菲尔兹奖。

普林斯顿大学数学系的上一任系主任塔克做事优柔寡断，数学系发展一筹莫展，因此年轻的米尔诺代替他担任了系主任一职。米尔诺对我说：“当年本应该努力挽留您的，我对此向您表示歉意。您愿意再回普林斯顿吗？就算一年也可以，我希望您能回来。”不过我去斯坦福大学的决心已定，所以后来写信拒绝了他的邀请。

第 4 章

归国与晚年

回国

1965年初夏，我去了斯坦福大学。斯坦福是一座小城，整座城市构成了斯坦福大学。因此，警察局、邮局、银行、百货商店等一般城市配备的设施全部建在大学校园内，不过为了遵循创始人斯坦福的遗嘱，学校里没有卖酒的商店。另外，学校还为教授们提供住宅用地。如果想在校内建造房子，可以向学校申请贷款，贷款比例可达建造费的九成。

整个城市都属于大学，校园面积自然非常大。正门到数学系的距离差不多有1.5千米，校内正在修建长约3千米的线性加速器。我们家在毗邻斯坦福的城市帕洛阿托租房生活。

这里气候宜人，冬暖夏凉，一年四季盛产柠檬。到了严冬时节，院子里的仙客来悉数绽放，还有小蜂鸟飞来吸食灯笼花的花蜜。冬天迎来雨季，夏天迎来旱季，从5月到10月几乎都是万里无云的晴朗天气。

同年6月，我的大女儿康子高中毕业，她同时申请了加利福尼亚大学伯克利分校和日本的国际基督教大学，也都收到了录取通知书。康子说:“既然我是日本人，那我要回日本看看。”因此她决定去读国际基督教大学，便于8月初启程回到了日本。

我在约翰斯·霍普金斯大学指导的博士研究生卡斯和韦伯里克也随我一起转入了斯坦福大学。到了斯坦福大学以后，一位名叫莫罗的学生想跟着我学习，所以我一共指导3名博士研究生。

在美国的大学，导师需要为学生提供一个适合撰写学位论文的问题，同时还要指导他们解决这个问题。而且提供的问题必须难度适中，差不多认真研究2 ~ 3年便能顺利解决。听说曾经有一位日本教授感慨道:“如果有如此巧妙的问题，自己早就着手研究并撰写论文了。”的确，为研究生找寻合适的问题花费了许多功夫。幸好卡斯、韦伯里克和莫罗都顺利解决了我出的问题，并取得了博士学位。

到斯坦福的那年秋天，我被选为日本学士院院士 。

1966年的夏天，我和斯宾塞一起赴日参加在京都举行的国际会议。时隔17年，我眼前的日本焕然一新，有种“小美国”的感觉。住在酒店时，除了服务员说日语以外，其他的感觉与美国没有任何区别。

就读于国际基督教大学的康子带我们逛了东京。如果自己一个人在新宿的地下通道，估计会迷路。还有，感觉日语也变得跟以前不太一样了。去百货商店买东西时，康子明明在喊服务员，却说了句“不好意思”，我听着奇怪极了。我才知道现在的“糕点”是指日式糕点，而西式糕点专指蛋糕（cake）。康子住在基督教大学的宿舍里，有一次她问同学：“茅厕在哪里?”结果大家笑她说：“请你不要用那种古代武士般的奇怪语言了。”原来“茅厕”已变成旧式措辞，现代日语的说法是“o toilete”（洗手间）。我向斯宾塞解释说：“‘toilete’是法语，前面的‘o’（御）是敬语。”他听完后大声笑了起来。在女儿们的教育上，我太太仿佛乘坐时光机回到了 15 年前的日本。怪不得来美国访问的日本人总对我说：“您家的女儿比现在日本的女孩子更日本化呢。”

我和斯宾塞在京都观看了能剧的表演。他中途出去吃了午饭，回到座位后不禁感叹道：“演员的右手臂只是往上稍稍抬高了一点儿而已。”按斯宾塞的说法，他认为日本古代的贵族们一边喝着奇怪的酒，一边观看能剧表演，所以缓慢的动作在他们眼里与正常行动没什么分别。

在日本待了一个半月后，我回到了斯坦福。在日本期间，东京大学一再邀请我回国，于是在第二年，即 1967 年的 8 月，我终于回到了日本。

从 1949 年到 1967 年，我一直居住在美国。在这 18 年间，一杯咖啡的价格稳定在 10 美分。美国治安良好，经济稳定，没有通货膨胀，十分宜居。斯坦福大学在第二年给我提了薪资，当时我的年薪是 24 000 美元，年收入达到了 32 000 美元。

约翰斯・霍普金斯大学的井草准一听闻我要回日本，就给我打来电话，他说:“你下了很大的决心啊!”没错，在当时大家都认为美国会永远延续繁荣的时候，我竟能下定决心放弃高薪，返回日本。现在回想起来，那 18 年是美国的全盛时期，之后的美国治安变得糟糕，也发生了通货膨胀。再后来，我在东大见到的一位美国数学家说:“你真是在一个完美的时间点逃离了美国。”自那之后过去了 20 年，现在的日本经济繁荣，也迎来了全盛时期。不过也让人忍不住担心，这般繁荣的景象又能持续到几时呢?

顺便写上一笔，我太太是家里的专职司机，所以在美国的这 18 年里，懒惰的我最终也没去考驾照。

理学院院长

1967 年 8 月中旬，我回到了日本，也重新回到了东京大学数学系。

东京大学数学系的学生确实非常优秀，他们的硕士论文在美国都够得上博士论文的水平。希策布鲁赫来日本时看了上野健尔的硕士论文，他说这都抵得上 3 篇博士论文了。

1968 年的夏天，发生了“东京大学事件”，这如同流行感冒一般蔓延到了全日本。这种现象简直不可思议，我无法理解。学生们不断与学校谈判，还骂教授们是“专家笨蛋”。

有一天，理学院要总结本院对该事件的看法，所以要求每位老师都得表达自己的看法。于是，当传阅板传到我这儿时，我便写上了一句“不是专家笨蛋的人单纯就是笨蛋”。没想到这句话直接被采纳，用于表达理学院的看法，因而倒变得出名了。

3 年后，在 1971 年 11 月 4 日召开的教授会上，我被选为了理学院院长。我很懒，所以基本不去参加教授会。这一天我也缺席了，结果却在家接到电话说我当选了院长，真是吓了一大跳。

我从美国回国没多久，还不太适应日本的工作习惯。别说评议员，连系主任都没担任过的我不认为自己能胜任院长的职务。再说当初回国时，东大承诺过我不用参与任何行政工作。所以我本打算拒绝，但由于从来没有辞任的先例，也只好勉为其难就任院长一职。

依照先前的惯例，一般会选出两位老教授担任评议员，其中一位评议员会当选下一任院长。但受到3年前的事件影响，院长和评议员双双辞任，年轻的久保亮五教授被选为院长。想来惯例被打破才是错之根源，不然我也不用当院长。

院长会议每周召开一次。我以为会上要讨论一些重要问题，结果去了才发现，他们大部分时间在说一些无聊的事情，比如师生谈判时某某院长被学生困住了多少小时。

即便成为院长，我自始至终也没有弄懂东大的运营机制。会议很多，但有关修建理学院新教学楼这样的关键问题，却在理学院院长完全不知情的情况下被某些人拍板决定了。原则上，修建教学楼的最高决策机构是建筑委员会，院长也是委员之一。不过出席委员会时，我的面前摆放着理学院新教学楼的建筑模型。接着委员长询问我的意见："我们打算修建这样的教学楼，理学院是否同意呢?"一旦反对的话，理学院就不能修建新教学楼了，所以只好表示同意。

普林斯顿大学数学系在米尔诺接任系主任后变化很大。在我回国后的第二年，斯宾塞又回到了普林斯顿大学。

1972 年 3 月中旬，普林斯顿大学举办了研讨会，以庆祝斯宾塞的六十岁生日。我也收到了邀请，因此带着我太太和小女儿再次赴美。博特、格里菲思、芒福德等数十位数学家从美国各地来到普林斯顿，希策布鲁赫和阿蒂亚也从欧洲赶来。会议连开 3 天，大家在会上也发表了许多演讲，我演讲的内容是关于曲面的结构。会后还举办了盛大的晚宴，希策布鲁赫作了致辞。斯宾塞的身边围绕着自己的学生们，看起来非常幸福。曾经嘲讽我和斯宾塞的费勒教授已经过世了。

我们借用了学校的公寓，在美国待了两个月。普林斯顿看起来还是老样子，不过治安好像变差了。他们提醒我，只锁上学校办公室的门还不够安全，因此得把贵重物品放入抽屉里，然后再给抽屉上锁。

在美国期间，我还访问了位于巴尔的摩的约翰斯 · 霍普金斯大学，并在谈话会上发表讲话。当晚，在桑普森教授家里举办了盛大的宴会，在那里我遇到了担任 Dean（院长）的埃文斯。日本大学没有 Dean 这个职务，其地位相当于学院院长。当初我决定从约翰斯·霍普金斯大学去斯坦福大学时，把我叫到办公室并劝我留下来的院长正是埃文斯。

埃文斯一见到我就同我握手，他说："我不敢相信你现在当了院长（I can't believe you are a dean)。"聚会临近结束时，他再一次来同我握手，说了一遍"我还是无法相信你现在当了院长（I still can't believe you are a dean)"后就回去了。这是他观察我一个晚上后得出的结论。约翰斯·霍普金斯大学的院长比东京大学理学院的教授会更有眼光，他知道我根本不适合担任院长。

卸任演说

我就任理学院院长时的东京大学处于改革的动荡时期，加藤一郎校长一门心思扑在改革上，改革委员会提出了各种各样的改革方案。

改革涉及了东京大学的搬迁问题。1972 年 8 月初，在东京都内的酒店召开了院长会议，我们在酒店住了一晚，一直在讨论东大的搬迁问题。在第一天的讨论中，最有希望当选的方案是将东大的一部分院系搬迁到三鹰天文台的地块。结果第二天又收到消息说，天文台地块属于第一类住宅用地，可以用于修建高中，但不允许开设游戏厅和修建大学。这样一来，会议也不了了之了。

之后我立马去了轻井泽，在我太太娘家的别墅一直待到 8 月底。在此期间，同理学院办公室通过几次电话，协商完成了院长的工作。我太太的哥哥，即弥永昌吉老师的别墅就在隔壁，老师好像非常忙，隔几天就要往返于轻井泽和东京两地。看到这番情景，住在附近别墅里的三村征雄教授感慨地说："都弄不清楚谁才是退休的教授了。"

正在上课的作者（摘录于为纪念作者 60 岁而出版的 *Collected Works*）

大概是在同年秋天，加藤校长召集了各个学院的院长和另外几名代表召开了改革方案意见会，结果强烈的反对意见占了大多数。改革委员会的委员们由各个学院选出，所以按理来说改革方案本应该反映了学院的想法，然而事实却并非如此。改革委员会在讨论的过程中逐渐形成了无论哪个方面都要改变现状的氛围，而这个改革方案恰好反映了这种氛围。加藤校长大概也没想到，好不容易讨论得出的改革方案竟遭到了各个学院的强烈反对。

1973 年 3 月 31 日，加藤校长任期届满，所以在 3 月举行了校长竞选。依照惯例，校长的任期为四年，再次当选后继续担任两年，共计六年。不过在这场竞选前，评议会向加藤校长提议禁止再次当选，并附加条件说“现任校长不受限制”，加藤校长表示同意。

加藤校长在这场竞选中再次当选，不过他打算推辞不受。所有院长和研究所长正商量着如何劝说他接受时，法学院院长以法律专家的身份表达了以下看法：

“美国的杜鲁门总统以现任总统不受限制为附加条件制定了禁止第三次当选总统的规则，不过为了尊重这项规则，他决定放弃参加第三次总统竞选。这是此类情况的先例，虽然加藤校长以现任校长不受限制为附加条件同意了禁止再次当选的规则，不过遵循这项规则的精神同样适用于现任校长。因此，加藤校长不接受当选乃理所应当。”

他们的说辞让我听得目瞪口呆。之所以评议会能通过禁止再次当选的规则，是因为附加了现任校长不受限制的条件。结果现在竞选结束了，却又说其精神适用于现任校长，简直莫名其妙。我这才明白，法学逻辑与数学逻辑完全是两码事。

无论如何，校长竞选与院长竞选不同，其规则写明当选者可以放弃。面对加藤校长坚决辞任的态度，大家也束手无策。于是只好再次举行竞选，最后林健太郎当选为新任校长。

林校长就任后，东大的改革热潮瞬间降温了。虽然改革没有实现，不过东大却一直相安无事，让人无法想象当初为什么人们如此热衷于改革。

我的理学院院长任期原本到 1973 年 11 月 8 日为止，不过因为实在疲于应付这些不顺手的工作，所以我在教授会的同意下提前于当年 4 月 1 日卸任。

两年后，1975 年 3 月底，我从东大退休了。依照惯例，东大数学系的教授要在退休前一年（1974 年）的秋季谈话会上发表演讲，于是我在 1974 年 11 月底做了一场题为“回顾与……”的演讲。高木贞治老师当年为了纪念荣获文化勋章，做了一场题为“回顾与展望”的演讲。我本想效仿他将题目定为“回顾与展望”，不过我并没有能力展望数学的未来，因此用“……”代替“展望”。关于“……”，其大致内容如下。

我无法预测数学的发展方向，也无法展望其将来的情形。不过发展的模式是固定的，进化的典型例子是生物的进化，因此数学的发展模式与生物的进化模式相差不多。

动物进化的模式如下页图所示。在 3 亿 ~ 4 亿年前，鱼类进化成两栖动物。但并不是当时进化程度最高的鱼类进一步进化成了两栖动物，而是原生（primitive）形态的鱼类进化成了两栖动物。当然，毕竟进化过程发生在 4 亿年前，具体情况我们也无从得知。不过我们不妨大胆想象一下，当时进化程度很高的鱼类在接近海平面的透明水域畅游，而这些鱼类的后代至今依然还是鱼，比如说鲷鱼。另一方面，作为当时最原生形态的鱼类挣扎在海底的泥沼中，它们的后代不知何时爬上陆地，进化成了两栖动物。后来原生形态的两栖动物进化成了爬行动物……原生形态的猿猴进化成了人类。

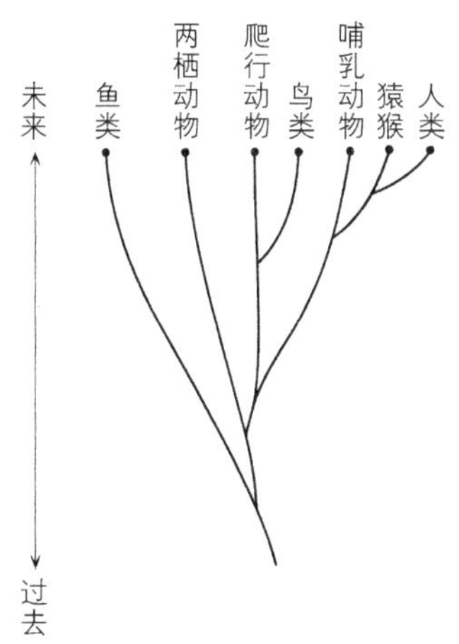

动物进化的模式

我认为，数学的发展模式与此相同。某个领域得到发展，然而并不是其发展的最顶端衍生出新的领域，而是其领域的原始（primitive）部分衍生出了新的领域。我不打算分析数学的现状，只想谈谈四十年前我还是学生时的情况。在那个时代，平面几何相当于鲷鱼所处的地位。当时平面几何蓬勃发展，例如涌现了多位平面几何的大学者，他们发现了 23 种费尔巴哈定理的证明方法。平面几何始于两千多年前，其形态不变，是一门不断发展的透明学问，与鲷鱼的情况相似。解析几何发展于平面几何，不过不是从当时平面几何的最顶端研究，而是从其最原始的部分中发展而来。

同样，我们在从事数学研究的过程中，如果确定一个专业领域，并对其最顶端的部分进行研究的话，通常会成果斐然，不过这些成果并不罕见。如果钻入泥沼中暗中摸索，终有一天会获得意料不到的稀有成果。我想，也许新领域正是诞生于这样的情况下。

演讲结束后，我在走廊碰到了岩堀信子女士（青山学院大学理工学院的教授）。她一看到我便批评道："鲷鱼不也挺好嘛！鲷鱼就算死去、腐朽，但它仍然是鲷鱼。"

1975 年 3 月中旬，庆祝我六十岁生日的研讨会如期举行。斯宾塞和贝利从美国赶来参加研讨会，贝利是我在普林斯顿大学指导的第一位博士研究生，他毕业后去了芝加哥大学，很快成了芝加哥大学的教授。

研讨会先由斯宾塞发表演讲，接着是几位日本数学家的演讲。3 月 15 日在神田学士会馆举办了晚宴，很多朋友从全国各地赶来参加，让我感激不尽。

从东大退休后，我也忝列东大的荣休教授。1976 年，理学院的宣传编辑部联系我说，3 月号的杂志计划刊载各位荣休教授的近况，所以需要我提供一些素材。于是我写了一段："以前在我上大二的时候，高木贞治老师退休了。那时候被聘为荣休教授的老师们很有威严，而且悠然自得。我也想努力达成悠然自得的境界，却始终无法企及。如果哪位高人深谙个中诀窍，麻烦悄悄告知于我。"

结果，我很快收到了山内恭彦老师的明信片，上面写着："悒忧自惕。世纪末的荣休教授可不能光想着悠然自适。"于是我查了汉和辞典[①]，"悒忧"是忧愁不安，"惕"是小心谨慎的意思。原来如此，"悒忧自惕"的状态下自然达不到悠然自适的境界。后来，我在《朝日新闻》的近况专栏上记载了这则小故事："山内老师告诉我'世纪末的荣休教授应该悒忧自惕，不应该悠然自适'。"结果在学士院碰到山内老师时，被他批评了一顿："怎么会有人把别人悄悄告诉他的秘密发表在报纸上?!"

① 以日语解说汉语的辞典。——译者注

入职学习院大学

从东京大学退休后，我于 1975 年 4 月起在学习院大学工作。学习院大学坐落于目白车站前，从我在中落合的家步行大约只需 25 分钟，上班非常方便。而且，学习院大学虽然坐落于东京都内，不过校园很大，绿化也很好。

收到“退休后愿意来学习院大学吗”的邀请时，我心里非常愿意，却又很担心被要求担任理学院院长。幸好当时的学习院大学理学院院长木下是雄是我在东京大学物理系时期的同学，于是我马上去找木下，并拜托他做出承诺，而且不是口头承诺，必须立字为证——关于我来学习院任职，请务必承诺不会要求我担任院长。木下喜好登山，也因此锻炼出了果敢的性格，他当场就决定做出承诺。于是，他同教授会商量后，理学院的教授会出具了承诺书，其大致内容是保证不会要求我担任任何行政职务，并盖上了理学院院长的印章。木下院长任期届满后，虽然有个别教授认为之前的约定也随之失效，不过多亏有承诺书的保驾护航。我在学习院工作的这十年既不用担任系主任，也不用担任院长，最后于1985年3月顺利退休。

在美国待了18年，我的思维方式多多少少也受到美国影响，或许可以称之为美式思维。美国大学在聘任前都会事先讲好年薪是多少美元，而东大在邀请我时却对薪资事宜只字未提。日本人不习惯把金钱挂在嘴边，所以我也没多问，我觉得我的待遇至少也应该跟一般人差不多。没想到回去后才知道，我的薪水远远低于一般人。因为在日本，工龄决定薪资水平，而我在美国任教的那十几年时间又不能算作工龄。明明又要聘请我回国，却又不给我一般人的待遇，我的美式思维怎么也理解不了。到了回日本后的第二年的1月，东大对我破格加薪，我才拿到了与一般人旗鼓相当的月薪。

回日本前，他们告诉我如果现在回国的话差不多可以算作在东大工作了20年，然后退休后能领取相应的养老金，但没有提到退休金。回国后，我听人说退休时会收到一笔金额颇为可观的退休金。美国的大学虽有养老金，但没有退休金。所以我心想日本的待遇还不赖，就一直期待着退休。然而临近退休，办公室的工作人员为我办理养老金和退休金的手续时，我才知道养老金跟约定的一样，而退休金只计算了在日本工作的7年，所以少得可怜。我大失所望，因而一蹶不振。我的美式思维一直认为既然要聘请我回国，按理就应该给我跟一般人差不多的待遇。虽然我的想法很幼稚，但这确实让我感觉心灰意冷。

一高时期的同学宫入鸿一、今井茂和谷村裕，以及数学系的同学菱沼从尹听闻情况后非常担心我。宫入是本驹込的宫入外科医院的院长，今井是鹿岛建设的副总经理，谷村是东京证券交易所的理事长，菱沼是第百生命保险的董事长。宫入看我被退休金弄得一蹶不振，于是找今井、谷村和菱沼商量。在他们的帮助下，我成了武藤结构力学研究室的顾问和东南亚生命保险振兴中心的理事。我非常感谢他们，也深知友情的珍贵。

从东大退休的前后，我相继于 1974 年入选哥廷根科学院的通讯院士，于 1975 年入选美国国家科学院的客座研究员，于 1978 年入选美国艺术与科学院的名誉院士，于 1979 年入选伦敦数学会的名誉会员。我之前没听说过美国艺术与科学院，查阅了百科全书才知道，美国艺术与科学院是一所历史悠久的研究院，美国的第一任总统华盛顿也曾是那里的院士，这倒是让我大吃一惊。

1975 年 6 月，我获得了藤原奖。获奖理由是，自 1957 年被授予文化勋章以来，我一直都有杰出的研究成果，特别是复分析曲面理论以及与斯宾塞合作研究的复结构形变理论。

在数学的世界里畅游时，我不知不觉中收获了许多研究成果，不过没有一项成果值得我夸耀，因为它们都不是需要费尽心血才能解决的千古难题。唯一让我得意的是，被授予文化勋章之后的研究成果，其数量和质量都不输于被授予文化勋章之前的。

学问的未来

1960 年，我的大女儿在普林斯顿上初中时，不幸被编入了使用 SMSG（School Mathematics Study Group，学校数学研究小组）教材的“新数学”（New Math）[①] 运动教育实验年级。“新数学”引发数学教育现代化迅速在全世界流行开来，日本也没能幸免，1965 年以后，文部省的指导纲领大规模引入数学教育现代化，在小学的算术课上教授集合论。其实在美国只有一小部分数学家和教育学家在推广数学教育现代化，绝大多数的数学家对此持反对意见。但不知为何，日本国内完全不了解反对意见占绝大多数的事实。

我也想为抵制数学教育现代化贡献自己微薄的力量。我在岩波发行的《科学》（1968 年 10 月号）上刊登的文章《对“新数学”运动的批判》（收录于《惰者集：数感与数学》），并以此为开端，一抓住机会就发表反对数学教育现代化的文章。我之所以

① 20 世纪 50 年代末，美国推行的数学教育现代化运动，也称为“新数运动”。数学教育现代化运动主张以结构主义思想改革数学教育，在初等教育中就学习现代数学公理化的精确数学体系。——编者注

这么做，是因为我觉得文部省肯定不会修改数学教育现代化的方针。然而，1975 年之后颁布的新指导纲领大幅减弱了数学教育现代化改革的力度。这倒叫我大吃一惊，毕竟连做梦都想不到数学教育现代化改革在日本竟如此轻易就搁浅了。

虽说数学教育现代化改革被及时修正，不过在现代化改革中惨遭删除的欧几里得平面几何，再也无法重获新生了。这也使得学习数学逻辑的机会消失了。这也许是数学教育现代化留下的最严重的后遗症。

自 1975 年起，我开始在学习院大学授课，发现数学系学生的学习能力一年不如一年，刚开始还以为是数学教育现代化改革造成的。后来，在 1979 年 11 月 5 日的《朝日新闻》上，我读到了经济学大师大内力发表的散文《学问有未来吗？——骇人听闻的学力下降问题》，原来学习能力下降问题并不仅存在于数学，而是遍及所有学科。

直至退休，我看着学生的学习能力一年不如一年，却又束手无策，实在可悲。

柯西极限存在准则是微积分的基础。我希望学生至少能记住这个知识点，所以有一次暑假布置了一个堪比小学生水平的作业——“抄写 20 遍柯西极限存在准则”。不管是哪本教材，柯西极限存在准则的解说文字都只有三行而已，所以只需照抄即可。结果一个 50 人的班级里竟有 9 位学生胡乱抄了 20 遍就交上来了。真不知道是连三行文字都不会抄，还是不想抄呢？学习能力差到如此地步，别说学问的未来，就连日本是否还有未来都成问题吧！

沃尔夫奖

1985 年 3 月底，我从学习院大学退休。3 月 15 日，数学系在学习院的纪念会馆为我举办了 70 岁生日庆祝会。4 月 4 日，饭高茂等所谓的小平学派的数学家们齐聚一堂，他们在东麻布的伯爵餐厅（Restaurant Piaget）为我庆祝古稀之年。

5 月，我赴以色列参加沃尔夫奖的颁奖仪式。沃尔夫奖在日本鲜为人知，这是由以色列的沃尔夫集团创办的一个奖项，从 1978 年起每年颁给在物理、化学、医学、农业和数学等领域取得杰出成就的人士。奖项包括奖状和奖金，奖金为每个领域各 10 万美元。自 1981 年起又增设了艺术领域，画家夏戈尔（M. Chagall，1887、苏联）和钢琴家霍洛维兹（V. Horowitz，1904、苏联）都曾获得沃尔夫艺术奖。

1984 年的年末，我收到了一封获奖电报，电报上写着汉斯·卢威（Hans Lewy）和我共同获得了 1985 年度的沃尔夫数学奖。元旦以后，以色列驻日本大使在东京的以色列大使馆向我亲手转交了以色列副总统颁发的正式获奖通知函。1985 年度的获奖人包括数学领域两位，物理领域两位，农业、医学、化学和艺术领域各一位，共计 8 位。

我带着大女儿康子出席了 5 月 12 日的颁奖仪式。我们于 7 日晚上从成田机场出发，乘坐日本航空的航班到了德国的法兰克福，接着又换乘德国的汉莎航空的航班，于 8 日下午到达以色列的特拉维夫。我们入住了广场酒店（Plaza Hotel），酒店餐食的量大得惊人。第二天前往距离特拉维夫以南大约 100 千米的贝尔谢巴，我在本·古里安大学举办的谈话会上发表了讲话。

11 日晚上，在耶路撒冷的希伯来大学举办了欢迎会，我们在欢迎会上见到了汉斯·卢威。80 岁高龄的汉斯·卢威十分健朗，康子跟他打招呼说："您看起来好精神。"卢威答道："大家都这么说!"他保持身体健康的方法是散步与弹琴，而且听说钢琴水平相当了得。卢威一度想成为钢琴家，但他的父亲说："想当钢琴家的话，那就必须当一流的钢琴家。"所以他只好作罢。卢威还说自己"只管自己弹琴，从不听他人演奏"。因为年轻时听过的演奏至今还记忆犹新，现代的演奏不合自己的口味，特别是现在的音调比以前的演奏高了许多。

赫尔佐格总统向作者颁发沃尔夫奖（墙壁上的画是夏戈尔的作品）

12 日傍晚，在国会大厦内的夏戈尔厅举办了颁奖仪式。夏戈尔厅朝西，傍晚时分的光线很好，再加上电视台的摄像师们扛来了很多灯光设备，整个大厅明光烁亮，夏戈尔创作的大壁画看起来格外漂亮。

首先是赫尔佐格（C. Herzog）总统用希伯来语发表讲话，现场配有英语的同声传译。因为不习惯用耳机，我听得不太清楚，不过他一直在强调沃尔夫奖是鼓励对人类幸福（welfare）有所贡献的奖项。接着是文化教育部长纳冯（Y. Navon）发言。之后，总统分别为我们 8 位获奖者颁发奖状和奖金（支票）。每个领域分别派出一人发表简短的获奖感言，数学领域由汉斯·卢威作为代表。颁奖仪式就此圆满落幕。

以色列总统是象征性的国家元首，经常出现学者就任总统的情况。获得第一届日本国际奖的特拉维夫大学的卡兹尔教授也曾担任过总统一职。1952 年 11 月，以色列的第一任总统哈伊姆·魏茨曼过世后，听说以色列政府曾请爱因斯坦就任总统，不过被拒绝了。

沃尔夫奖颁奖仪式的情景

颁奖仪式结束后举办了晚宴，几位大人物分别上台发言。其中有一位开玩笑说："日本人精于技术，犹太人精通数学，而犹太人卡兹尔教授凭借生物技术在日本获得了日本国际奖，日本人小平凭借数学在以色列获得了沃尔夫奖。这又是怎么一回事呢？"他的发言引得大家捧腹大笑。

康子在美国长大，她去欧洲时不管德语还是法语，多少都能听懂一些，因为这些语言和英语很像。不过，康子到了以色列，根本听不懂希伯来语。这是她第一次来到自己听不懂语言的国度，说"仿佛来到了外星人的世界"，总觉得有些害怕。同时，她还对来到日本的欧美人深表同情，想必他们来日本时也会有这种害怕的情绪。

我们回程先乘坐以色列航空的航班到伦敦，接着换乘日本航空的航班，于16日傍晚到达成田机场。从以色列出发最终到达成田机场，全程一共用了22个小时，期间一直都是白天，所以整个人感到筋疲力尽。

重视基础学科

1982 年 12 月 6 日，我受邀参加日本中央教育审议会教育内容等小委员会，表达了对数学教育的看法。“宽松教育”造成小学高年级算术课和中学数学课的学时惨遭删减，面对这一现状，只谈论数学教育并没有什么意义。因此，我针对整个教育现状陈述了自己的看法。

现今日本大学生的学习能力下降问题值得深思，日本的未来让人感到忧心忡忡。这里的学习能力是指自主思考能力。培养学习能力、创造能力的前提是，应该在初等教育和中等教育阶段重视基础学科，大范围减少非基础学科，让学生拥有充足的时间去培养自己的思考能力。

以小学教育为例，详细来说，能力分成以下两种：

（A）小时候没有掌握的话，长大以后学不会的能力（比如读写能力）；

（B）长大以后也能轻松学会的能力（比如日式蛋卷的做法）。

基础学科属于（A）的范畴，小学的基础学科包括日语和算术。另外，还应该注意：

（C）所有学科都存在适合开始学习的年龄，即适龄。

如果给未达到适龄的孩子教某个学科的知识，那么这个科目的内容在孩子看来会很枯燥，最终只是在浪费时间和精力。低年级的小学生还没到适合学习社会和理科的年龄。

基础学科即日语和算术必须投入充足的时间耐心教，而其他学科应该利用多余的时间等学生达到适龄以后再慢慢教。这才是小学教育的原则。

进入初中和高中阶段，重视基础学科的原则不变。

在现阶段的初等教育和中等教育中，很多学科都忽略适龄问题，过早开设课程，而且教授的内容既宽泛又浅显。因此，连理论型学科都只剩下死记硬背，学生忙于背诵知识点，无暇顾及自主思考，这是学习能力下降的原因。我们应该根据上述（A）（B）（C）的观点重新审视所有学科并加以分类。

此外，我还具体阐述了关于数学教育的看法，不过在此就不再赘言。

在委员会中，有些人表示赞同我的观点，不过并没有人反对。

日本文部省的指导纲领表明，低年级的小学生还没达到适合学习社会课的年龄。

根据指导纲领，二年级社会课的内容如下所示。

（1）总结日常生活中常见的职业，同时发现零售店的工作人员在销售方面会费尽心思，为顾客提供便利的购物环境。

（2）发现种植农作物、养殖和收获水产品的工作人员会巧妙利用自然条件、努力防御自然灾害。

（3）发现工厂的工作人员在原材料加工、产品生产时会分工合作。

（4）发现公共交通的工作人员会严格遵守出发和到达的时间，并努力将乘客安全送达目的地。

（5）发现从事邮件分发的工作人员在努力尽早投递邮件。

任何人在成长的过程中都会自然而然地发现这些现象，那为什么非要每周花 2 个小时引导七八岁的孩子去发现呢？简直莫名其妙。

根据指导纲领，低年级的理科也存在类似的情况。

小学是义务教育阶段。既然接受教育是一种义务，那么教学内容一定是学生在小学阶段必须掌握的知识。如果把时间浪费在不用必须掌握的知识上，反而忽视了必要的基础学科教育，那就有愧于孩子们了。我没发现上述的二年级社会课内容中有孩子们必须要掌握的知识。

在我小时候——距今差不多 60 年前的小学，一年级的日语课每周 10 小时，从二年级到四年级每周 12 小时。然后除了修身课①、音乐课和体育课以外，到二年级为止只有日语课和算术课。在三年级增设绘画课，在四年级增设理科课，而相当于社会课的历史和地理课则从五年级开始。

当时教育的基本方针完全符合我所说的原则，也完美体现在上述的课时安排上。

目前的初等教育和中等教育欠缺一个基本方针来统筹全部学科。从小学一年级起每周分别上 2 小时的社会课、理科课和绘画

① 相当于思想品德课。——译者注

课，仿佛各个学科都在争相扩张自己的势力，彼此较量谁开得更早，谁教的知识更多。到底是为学生而开设的课程，还是为课程而存在的学生？让人摸不着头脑。这不禁让人怀疑，现在的教育本应该比以前更先进，但实际上是不是更落后了呢？

解说

本书的作者小平邦彦是日本第一位菲尔兹奖获得者，同时也是代表20世纪数学发展的数学家之一。本书记录了这位天才数学家的诞生和成长，由作者本人亲自撰写，是非常珍贵的资料。连载于《日本经济新闻》的《我的简历》是本书的雏形。其姊妹篇《惰者集：数感与数学》详细记录了作者在美国发展时期的故事，我建议将这两本书搭配阅读。

在江户时期，日本数学的发展形式与西方数学稍显不同，对西方数学的全面接纳始于明治时期。其中最早的成果包括高木贞治的类域论建设（1920年）和园正造的交换环理想论（1917年—1919年）。本书作者上大学时，日本的年轻数学家们开始活跃于国际舞台。不过正如书中所写，“在当时的日本，数学正处于从古典数学向现代数学转换的变革期，许多必修课在现在看来都没有必要开设”，作者在1935年考入东京帝国大学理学院数学系以后，最前沿的数学理论需要自学。那个时期的数学研究日新月异，以德国为中心出版了许多优秀的教科书和报告。

1933年，欧洲逐渐沦为战场，许多数学家被迫从欧洲逃亡至美国，因此数学研究的中心也随之从德国的哥廷根大学转移到了美国。对本书作者影响颇深的赫尔曼·外尔也是其中一员，而且之后他发现了小平身上的才华，并为他提供了发展舞台——普林斯顿。第二次世界大战结束后，普林斯顿高等研究院成为数学研究的中心。作者在美国发展的那段时期正好是现代数学的黄金时代，小平有幸结识了出色的研究伙伴斯宾塞，在数学研究的中心大放异彩。

正如书名所示，作者一直在书中强调“我只会算术”。尽管如此，我们在阅读的过程中有必要充分地审视这句“我只会算术”。书中描写了列文涅和波利尼在演奏肖邦的练习曲《三度》时所带来的不同听觉感受，作者写道:“如果单独听波利尼，他的演绎的确完美重现了乐谱，让人一度以为《三度》曲风本是如此。然而，当听到列文涅演绎的版本时，又会让人眼前一亮，原来这样演奏才能突出《三度》的美感。换言之，波利尼忠实地按乐谱弹奏，他对曲子本身的理解尚浅，而列文涅对曲子有深刻的见解。”然而作者女儿的小提琴老师伍鲁菲逊对列文涅的评价却是虽然他钢琴弹得不错，不过他不太聪明，所以跟他合奏贝多芬协奏曲会让人感到了无生趣。其实作者是站在专业水平的角度判断“会”或“不会”。作者总是追求洞彻事理的境界，倘若没有达到那样的境界，就将其归类为不懂。那么作者之所以强调“我只会算术”，是因为对作者来说除数学之外，其他所有学科都没有达到洞彻事理的境界，仅此而已。话虽如此，由书中也能联想到，也许很大程度与作者独到的想法没能得到老师的理解有关（从本书的第 25 页至第 26 页可见，作者在数学上有时也不被理解）。另外，作者有口吃的毛病，书中也多次回忆因为口吃在学校吃了不少苦头。也许这也间接导致作者没能喜欢上除数学以外的其他学科。

书中也记录了作者从小就显示出数学的才华，而且书中也随处可见作者具有独特的想法和敏锐的观察力。作者 7 岁时，他的父亲从德国带回来很多礼物，其中有一套组装玩具。他每天玩这个玩具，而且从中学到的第一个知识是三条边的长度比为 3 : 4 : 5 的三角形是直角三角形（第 21 页）。在他小学五年级的时候，家里饲养的母狗生了 6 条小狗，结果作者发现如果把 6 条小狗全部藏起来，母狗会四处寻找，但如果把另外 5 条藏起来，留下 1 条在它身边的话，母狗却完全不会发现不对劲，并得出“狗可能没有数量的概念”的结论（第 7 页）。这是因为自小就对数感兴趣的作者具有独到且敏锐的观察力，而且他观察事物的着眼点就不同于常人。他在描述外祖父制作动物标本的情景时写道:“外祖父会依次剥除小老鼠的外皮，最后拔出尾骨，尾部外皮如脱袜子般翻了过来，于是整张外皮与肉体就分离了”（第 15 页），这幽默且准确的描写也源于作者独到的观察力。还有，作者在做用比例就能简单证明的证明题时，故意选择不用比例，尝试通过画多条辅助线来证明，从这段中学时期的回忆（第 19 页）中能看出，作者对自己感兴趣的事物有着精益求精的追求。而且作者将树懒视为人生理想（第 61 页），这也反映出作者只对自己感兴趣的事物精益求精。这种精神不仅体现在数学的研究上，也体现在练习钢琴等时对音乐的热情上。

然而，仅仅凭借出众的数感和敏锐的观察力并不能成为天才数学家。在中学时期开始阅读藤原松三郎的《代数学》的过程中，作者明确意识到自己对数学感兴趣。关于学习《代数学》的过程，作者在书中写道:“不懂的证明我会反复去看，还会抄在笔记上背下来，可谓费尽心思。当时的我获得了这样一种经验——反复抄写背诵不懂的证明，自然而然就能懂了。现在的初等教育和中等教育阶段很重视‘易懂、好理解’，学生自己去揣摩不懂之处的机会反而变少了，这种教育方式是否更好呢？我个人持怀疑态度。”（第 20 页）这是一段容易引起误解的文字，作者的目的是“想要彻底理解《代数学》的内容”，为了理解这些内容，作者在笔记本中反复抄写不懂的证明，将那些证明背了下来，其实这只是在追求理解过程中的一个自然结果。所以有必要分清楚，作者是在深入思考和努力理解的过程中自然而然地记了下来，并不是为了背诵而去背诵。作者考入东京大学数学系后，在阅读数学书时养成了“思考其他的证明方法，以及构造实例和反例”（第 35 页）的习惯。这个阅读习惯直接关系到一线研究。另外，作者在无意中也记录了动手能力对学习的重要性，“快到期末考试时，我会提早几周向河田敬义借笔记回来抄……那时候当然还没有复印机，只能自己动手抄。在整理笔记和认真抄写的过程中，讲义的内容也自然而然地印在脑海中”。从这段文字中也许能帮助读者发现学习的技巧。

作者引用了一段夏目漱石《梦十夜》中的描写，表达自己对数学研究的看法：“在我看来，我的椭圆曲面理论并非是我想出来的，它原本就埋藏在称为‘数学’的木头里，我只不过借助纸和笔的力量将它挖掘出来而已。”（第 111 页）小平的所有论文都非常自然地展开理论，洋溢着出众的数感。特别是椭圆曲面理论，富有奇迹般的美感。不过，他表现得让人误以为他很懒，实则却能洞彻事理。作者受赫尔曼·外尔之邀赴美，在那里和代表20世纪的数学家们交流，不断地累积了许多出色的研究成果。本书也记录了其中一部分内容，不过这部分内容在《惰者集：数感与数学》里写得更详细。虽然作者在美国取得了丰硕的数学成果，但生活上也未必一帆风顺，即便回日本后，在另一种意义上也吃了不少苦头，作者在书中用幽默的口吻记录了不同时期的生活状况。还有，在“入学考试委员”这一节中，他恰当地指出了日本在制度方面存在的问题。

当作者意识到对数学的热爱，准备开启数学家之路时，整个世界被卷入战争之中，接着日本战败，在另一方面，那也是一个可以专注于发展个人兴趣的时代。作者在书中写道：“没经历过的人绝对理解不了，没东西吃到底有多惨。尽管如此，学生们却都非常用功。在这届疏散班级里，优秀的数学家辈出，看来生活环境和学习之间的关系也不大。”（第62页）还有，在战后，“尽管如此，学生们都刻苦学习，而且学有所成。就算考试时老师们绞尽脑汁出难题，也总有几位学生能考满分。而现在的大学生完全相反，每到期末考试，老师们都得想尽办法为他们出些容易的题目。”（第68页）

说起来，如果少年时期的小平在现在的小学和中学接受教育，是否还能够如以前那般充分发挥他的才能呢？作者在书中辞顺理正地讲述了目前教育中所缺失的东西，他在晚年时期最关注的还是初等教育和中等教育。目前日本的教育制度正朝着摧毁个人才能的方向发展，作者提出了许多改善制度的建议。不过很遗憾，日本的教育部门并没有充分加以借鉴。为此，作者不断呼吁大家关注初等几何学的重要性，并亲自在《几何世界的邀请》一书中谈论了几何学的有趣之处，希望各位参考。

数学家 上野健尔

惰者集：数感与数学

[日]小平邦彦 著，尤斌斌 译

理解数学需要具备一种纯粹的感觉，即“数感”。本书为日本数学家、菲尔兹奖与沃尔夫奖得主小平邦彦先生的思想随笔文集，书中收录了小平邦彦先生对数学、数学教育的深思、感悟文章，记述了数学家对“数学”“数感”的独到理解，文笔幽默，深入浅出。同时，书中还辑录了小平邦彦先生在普林斯顿高等研究院时期，与赫尔曼·外尔等数学大家交流的趣闻轶事，对深入理解数学、数学教育具有深刻启示。

几何世界的邀请

[日] 小平邦彦 著，李慧慧 译

平面几何是观察判断与逻辑思考的精妙结合，是初等数学教育中培育创造力的好途径。本书为日本数学家、菲尔兹奖得主小平邦彦先生的几何入门作品，书中以欧几里得几何、希尔伯特几何、复数与几何为轴线，由浅入深，层层深入，从作为图形科学的几何、作为数学的几何等不同角度介绍完整的几何世界，是几何入门、训练思维与创造力的佳作。

微积分入门（修订版）

[日] 小平邦彦 著，裴东河 译

本书为日本数学家小平邦彦晚年创作的经典微积分著作，有别于一般的微积分教科书，本书突出“严密”与“直观”的结合，重视数学中的“和谐”与“美感”，讲解新颖别致、自成体系，论证清晰详尽、环环相扣，行文深入浅出、流畅易读，从原理、思想到方法、应用，处处体现了小平邦彦的深厚功力与广阔视野。作者着眼数学分析的深处，结合自身独到的思考与理解，从严谨的实数理论出发思谋微积分，通过巧妙引导，启发读者自主思考，提升对微积分的领悟理解程度。本书是小平邦彦为后人留下的一份重要文化财富，不仅值得数学专业人士研读，对于需要微积分知识的其他理工科学生和专业人员也具有深刻启示。

数学分析概论（岩波定本）

[日]高木贞治 著，冯速 高颖 译

本书为日本数学家、“日本现代数学之父”高木贞治创作的分析学入门名著。作为衔接古典与现代的集大成之作，它被誉为日本现代数学发展的“不动之根基”，也成为日本所有微积分教材、专著的参考原点。本书从严密的实数理论出发，以初等函数理论为重点，用直观、易读的讲义式叙述方式，追溯了微分、积分概念的起源与数学分析理论发展的历史轨迹，将数学分析的发展脉络与整体结构清晰地呈现在读者眼前。日本岩波书店的“定本”版本，在第3版修订版的基础上，还收录了关于“Takagi 函数”的解读文章。本书适合相关专业的本科生、研究生和教师阅读学习，也适合作为数学、物理等领域的研究者的参考资料。